"十四五"普通高等教育本科部委级规划教材

两江三镇说武汉

LIANGJIANG SANZHEN SHUO WUHAN

李正旺 编著

中国纺织出版社有限公司

内 容 提 要

本书全面介绍了武汉的历史文化、地理特征、气候变迁、相关人物等基本状况,以及汉口、武昌、汉阳等区域的特色,将著名景点、人物、美食等知识、故事或案例展现在学习者面前。每个知识点都既具有典型性又具有代表性,既注重理论性,又注重通俗性,实现了教育理论教学与社会传播的统一。

"两江三镇说武汉"是一门以武汉人文历史为基础,兼顾属地教育与思政教育的原创性通识类线上课程,本书是其线下配套教材,也可供对武汉人文、历史、地理等感兴趣的相关读者阅读。

图书在版编目(CIP)数据

两江三镇说武汉 / 李正旺编著 . -- 北京:中国纺织出版社有限公司,2024.9. --("十四五"普通高等教育本科部委级规划教材). -- ISBN 978-7-5229-2059-7

Ⅰ. K926.31

中国国家版本馆CIP数据核字第202492US67号

责任编辑:范雨昕　　责任校对:高　涵　　责任印制:王艳丽

中国纺织出版社有限公司出版发行
地址:北京市朝阳区百子湾东里A407号楼　邮政编码:100124
销售电话:010—67004422　传真:010—87155801
http://www.c-textilep.com
中国纺织出版社天猫旗舰店
官方微博 http://weibo.com/2119887771
天津千鹤文化传播有限公司印刷　各地新华书店经销
2024年9月第1版第1次印刷
开本:787×1092　1/16　印张:7.75
字数:128千字　定价:68.00元

凡购本书,如有缺页、倒页、脱页,由本社图书营销中心调换

前言
PREFACE

武汉，这座拥有深厚历史底蕴和独特地理风貌的城市，犹如一颗璀璨的明珠，镶嵌在中华大地之上。《两江三镇说武汉》将带领我们一同领略武汉的独特魅力，探寻其背后的故事与文化。

武汉，素有"九省通衢"之称，它的地理位置十分重要，是中国内陆最大的水陆空交通枢纽，长江与汉江在此交汇，将武汉分割为汉口、武昌、汉阳三镇，形成了"两江三镇"的独特格局。这种地理格局不仅赋予了武汉壮丽的自然景观，也孕育了其丰富多彩的地域文化。

源远流长的武汉，可以追溯到数千年前的盘龙古城。在漫长的历史长河中，武汉见证了无数的风云变幻和文化交融。从古代的军事要地到商业重镇，从近代的工业兴起至现代的蓬勃发展，武汉的每一步都承载着历史的厚重与时代的变迁。

汉口，自明清以来逐渐崛起，成为繁华的商业中心。汉正街的喧嚣、老租界的风情、张公堤的往事，都展现了汉口的独特韵味。这里曾是万商云集之地，商业的繁荣带动了城市的发展，也形成了汉口独特的文化氛围。

武昌，以其丰富的历史文化遗产而闻名。黄鹤楼作为武汉的标志性建筑，屹立于蛇山之巅，见证了这座城市的兴衰荣辱，历代文人墨客也在此留下了众多脍炙人口的诗篇，使黄鹤楼成为中华文化的重要象征。此外，武昌还有众多的历史遗迹和文化景点，如东湖、楚望台、封建亭等，它们无不诉说着这座城市的千年往事。

汉阳，作为知音故里，充满了浪漫与传奇色彩。这里流传着伯牙、子期高山流水遇知音的千古佳话，也蕴藏着许多历史文化遗迹，如晴川阁、汉阳树、归元寺、古琴台等，它们见证了汉阳城的兴废，也传承着古老的文化血脉。

武汉的魅力不仅在于其历史文化，还体现在其独特的风土人情、美食特色以及城市精神之中。武汉人的热情豪爽、直爽坦诚，让人感受到这座城市的温暖与活力。热干面作为武汉的特色美食，深受人们的喜爱，已成为武汉的一张名片。

本教材通过介绍武汉的历史变迁、地理特征、气候特点、人物典型等基本状况，以及汉口、武昌、汉阳等区域的特色，全面展示武汉的历史、地理、人文知识。我们将深入挖掘每一个知识点背后的故事，让同学们仿佛身临其境般感受武汉的过去与现在。

在编写本教材的过程中，我们力求做到内容丰富、准确、生动。既注重知识的系统性和理论性，又兼顾趣味性和可读性，使同学们在学习的过程中能够轻松愉快地了解武汉的方方面面。同时，本教材中还引入了大量的图片、案例和故事，以增强同学们的感性认识，激发学生对武汉的兴趣和热爱。

学习武汉的人文知识，不仅可以让我们更好地了解这座城市的过去和现在，还能够培养我们对地域文化的认知和尊重。通过对武汉的深入了解，我们可以从中汲取智慧和力量，传承和弘扬这座城市的优秀传统文化。

无论是生活在武汉的人们，还是对武汉感兴趣的读者，都能从本教材中有所收获。它既可以帮助我们更加深入地认识这座城市的独特魅力，增强对家乡的自豪感和归属感；也可以为外来者打开一扇了解武汉的窗口，吸引更多的人来到武汉、爱上武汉。

希望同学们在学习本教材的过程中，能够积极思考、主动探索，感受武汉的历史底蕴、文化魅力和时代气息。让我们一起走进"两江三镇说武汉"的精彩世界，领略这座城市的无限风光！

最后，感谢所有为本教材的编写提供支持和帮助的人们，正是由于大家的共同努力，才使这本教材得以呈现给大家。同时，也希望本教材能够成为大家认识武汉，了解武汉，爱上武汉，留在武汉的桥梁和纽带，让我们一起为武汉的美好未来而努力！

李正旺

2024年5月

目录
CONTENTS

001	第一章　引言
002	第一节　为什么开设本门课程
002	一、促进文化传承与弘扬
003	二、提升教育意义与价值
004	三、推动城市发展与建设
005	第二节　本门课程的体系
007	第二章　盘龙古城论武汉
008	第一节　"三镇"的由来
008	一、三镇概览
009	二、双城并起
010	三、汉口"天"来
011	四、三镇鼎立
012	第二节　盘龙城与城市之根
012	一、盘龙城的发现
014	二、盘龙城的特点及由来
015	三、城市之根的探讨
015	第三节　江汉朝宗
016	一、荆楚大地的形成
016	二、江汉朝宗的含义
018	三、武汉的地理形态

1

018	第四节　寒暑易极
018	一、武汉气候概况及地理特点
019	二、武汉夏天热的表现及原因
020	三、武汉冬天冷的表现及原因
021	第五节　龟蛇锁大江
021	一、龟蛇的由来
023	二、龟蛇的故事
024	三、锁大江的桥梁
025	第六节　张之洞与近代武汉
025	一、张之洞的生平
026	二、张之洞对近代武汉的功绩
031	三、张之洞留下的遗迹
032	四、张之洞与武汉博物馆
033	第七节　武汉美食
033	一、武汉美食概述
036	二、热干面的产生
037	三、蔡林记的出现
037	四、热干面的品牌

039	第三章　汉江改道出汉口
040	第一节　汉江与汉口
040	一、汉江改道
041	二、汉口初成

目录

043	第二节	汉正街的兴起
043		一、正街与官道
044		二、此地从来无土著，九分商贾一分民
045		三、十里帆樯依市立，万家灯火彻宵明
047	第三节	风貌区的形成
047		一、长江之滨，租界之始
048		二、大江金岸，风貌初成
049		三、汉口历史风貌区建筑的特点
051	第四节	张公堤的兴建
051		一、汉口堤防的发展
053		二、京汉铁路的建成
053		三、后城马路的兴建
054		四、汉口城区的扩大
055	第五节	南洋大楼与简氏兄弟
055		一、南洋大楼简介
056		二、简氏兄弟其人其事
057		三、旧楼今貌新观
057	第六节	解放公园与西商跑马场
057		一、解放公园的前世今生
058		二、西商跑马场的沧桑往事
060		三、华洋对抗的历史瞬间
061		四、武汉赛马的昨天、今天与明天

062	第七节　宋炜臣与水塔的故事
062	一、旧汉口的电与水
063	二、宋炜臣其人其事
064	三、汉口既济水电公司的兴办史
064	四、汉口水塔的建成之路

067	第四章　黄鹄矶前思武昌
068	第一节　武昌城的变迁
068	一、武昌城的概念
069	二、武昌古城的沿革
071	三、明清武昌城九门的来历
075	第二节　黄鹤楼的传说
075	一、黄鹤楼的概况
077	二、黄鹤楼的故事
078	三、黄鹤楼的诗篇
080	第三节　楚望台与楚王寝
080	一、楚王封地的传说
081	二、龙泉山的故事
083	三、楚王寝的由来
083	第四节　周苍柏与东湖
084	一、"东湖之父"——周苍柏
084	二、海光农圃其事
085	三、东湖水域其景
088	四、顶级绿道其情

091　第五章　知音故里寻汉阳

- 092　第一节　汉阳城的兴废
  - 092　　一、汉阳的概念
  - 093　　二、汉阳古城的兴废
  - 095　　三、三镇合并后的汉阳
- 096　第二节　晴川阁与汉阳树
  - 096　　一、晴川阁的修建
  - 097　　二、晴川阁景区
  - 101　　三、汉阳树的故事
- 102　第三节　祢衡与鹦鹉洲
  - 103　　一、祢衡其人
  - 103　　二、鹦鹉洲其地
  - 104　　三、新洲争诉
- 105　第四节　归元寺与五百罗汉
  - 105　　一、归元寺概况
  - 106　　二、罗汉堂及其布局
  - 106　　三、数罗汉的方法
- 107　第五节　知音故里古琴台
  - 108　　一、知音故里的传说
  - 108　　二、高山流水的故事
  - 110　　三、概括和期望

113　参考文献

第一章 引言

第一节　为什么开设本门课程

"两江三镇说武汉"这门课起源于2018年开设的课程"认识武汉",当时中共武汉市委宣传部为顺应大学生留汉工程需要,在部属、省属高校开展"认识武汉"课程,让广大在武汉的高校学生了解武汉,认识武汉,爱上武汉,留在武汉。作为试点院校之一,武汉纺织大学于2018年秋季在阳光校区开设"认识武汉"这门课程。2021年春季,在"认识武汉"课程(线下)的基础上,推出了线上课程"两江三镇说武汉",课程运行三年以来,已有73所高校,7800余名学生参与选课,受到了各方好评。

之所以开设这门课程,主要基于以下几方面的原因。

一、促进文化传承与弘扬

(一)保存武汉历史记忆

武汉有着悠久的历史,从盘龙城的古老文明到近代的风云变幻,每一个时期都留下了丰富的历史印记。《两江三镇说武汉》系统地梳理了武汉的历史发展脉络,将那些散落在岁月长河中的历史片段重新整合,为后人保存了珍贵的历史记忆。通过本教材的学习,学生可以了解武汉在不同历史时期的政治、经济、文化状况,感受这座城市的沧桑巨变,从而增强对武汉的认知与热爱。

(二)弘扬武汉地方特色文化

武汉的两江三镇地理格局形成了其独特的地方文化。本教材详细介绍了武汉的码头文化、商业文化、美食文化等。码头文化见证了武汉的繁荣与发展,培养了武

汉人热情豪爽、坚韧不拔的性格；商业文化体现了武汉的经济活力和创新精神；美食文化如热干面、豆皮、武昌鱼等，则成为武汉的一张亮丽名片。通过本课程的教学，能让武汉地方特色文化得以弘扬，让更多的人了解和喜爱武汉。

二、提升教育意义与价值

（一）增强学生的社会认知和责任感

在高校教育中，本课程为通识教育课，通过本课程的学习可以让学生了解武汉的历史文化和城市发展，增强他们对社会的认知和责任感。课程内容涵盖历史、地理、经济、管理等多个学科领域，有助于打破学科界限，培养学生的综合素养和跨学科思维能力。

（二）培养学生的家国情怀

通过学习本课程，学生可以深入了解武汉在中国历史上的重要地位和贡献，增强爱国主义情感。同时，也让学生更加热爱自己的家乡。例如，了解西商跑马场的故事，学生可以感受到武汉人民的爱国热情；了解汉口水塔的案例，学生会为武汉人民的勇敢和担当而自豪，可以激励学生努力学习，为家乡和祖国的发展贡献自己的力量。

（三）推动地方教育改革的需求

随着教育改革的不断深入，素质教育越来越受到重视。培养学生的综合素质和创新能力，成为教育的重要目标。在这种背景下，地方文化教育逐渐受到关注。地方文化是一个地区的精神财富和文化瑰宝，通过学习地方文化，可以增强学生的文化认同感和归属感，培养学生的爱国主义情感和民族自豪感。同时，地方文化教育也可以丰富学生的知识视野，提高学生的综合素质和创新能力。

（四）实现课程思政建设的需要

课程思政是新时代高校教育的重要任务之一。本课程中蕴含着丰富的思政教育元素，如爱国主义、革命传统、创新精神等。通过本课程的开设教学，不仅能够培养学生的家国情怀和文化自信，培育社会主义核心价值观，还能够将思政教育与专业教育有机结合起来，促进学生的全面发展，实现全程育人、全方位育人。

三、推动城市发展与建设

（一）提升城市文化软实力

文化是城市的灵魂，是城市发展的重要支撑。通过本课程的学习有助于提升武汉的城市文化软实力，让更多的人了解武汉的历史文化和城市特色，提高武汉的知名度和美誉度。这将吸引更多的人才、资金和资源流入武汉，促进城市的经济发展和社会进步。同时，也可以激发武汉市民的文化自信，增强他们对城市的认同感和归属感，共同为建设更加美好的武汉而努力。

（二）推动城市规划与建设

本课程中对武汉的地理格局、历史建筑、城市风貌等方面进行了详细介绍，为城市规划与建设提供了有益的参考。在城市规划中，可以充分考虑武汉的历史文化特色，保护和利用好历史遗迹和文化景观，使城市建设更加具有文化内涵和历史底蕴。例如，在城市更新过程中，可以保留一些具有历史价值的老街巷和传统建筑，打造具有武汉特色的文化街区。同时，教材也可以启发城市建设者的创新思维，将现代科技与传统文化相结合，创造出更加宜居、宜业、宜游的城市环境。

第二节
❀ 本门课程的体系

"两江三镇说武汉"中"两江"指的是长江和汉江,"三镇"指的是汉口、武昌和汉阳。除第一章引言外,我们整个课程,是围绕着两江三镇展开的。

第二章,谈谈武汉,说的是盘龙古城论武汉。这部分主要讲武汉三镇的由来、城市的沿革、地理和气候,讲城市的风土人情、历史典故、美食特点,聊一聊这个城市最显著的特征。

第三章,说说汉口,讲汉江改道出汉口。这部分我们谈到了汉江与汉口、汉正街的兴起,老租界的形成,张公堤的兴建。同时以汉口为题材,从西商跑马场看华商跑马场的修建,从民众乐园看南洋大楼的兴起,从自然水、煤油灯看汉镇既济水电公司的创办,说说老街老巷里发生的沧桑往事。

第四章,讲讲武昌,聊的是黄鹄矶前思武昌。这部分我们从武昌城的变迁讲起,分别谈谈黄鹤楼的传说、楚望台与楚王寝的历史,以及老东湖的故事。

第五章,聊聊汉阳,谈的是知音故里寻汉阳。这部分我们从汉阳城的兴废讲起,说一说晴川阁的故事、鹦鹉洲的传说,谈一谈归元寺里的五百罗汉,讲一讲高山流水的琴台知音。

"两江三镇说武汉"是一门人文通识课,这门课程致力于让同学们了解武汉,认识武汉。当然我还有一点奢望,希望同学们因为这门课程,爱上武汉,能够留在武汉。

第二章

盘龙古城论武汉

第一节 "三镇"的由来

武汉是湖北省省会，我国历史文化名城，华中地区和长江中游的经济、文化、信息中心，素有"九省通衢"之称。所谓"九省通衢"，指的是武汉独特的区位优势，集水运、公路、航空、铁路于一体，承东启西，接南引北，得中独厚。武汉交通枢纽的地位是不言而喻的，一方面通江达海，另一方面如果拿圆规以武汉为几何圆心，圆弧周边的北京、上海、广州、成都等，距离都在1000公里左右，"4小时高铁圈"，能够覆盖全国10亿人。

中国中部中心城市或中国中心城市，这就是武汉的整体定义。

除了得中独厚，武汉还有另一个定义——"武汉三镇"，强调的是武汉"三镇"鼎立，武汉是武昌、汉阳、汉口的合称。对于武汉人而言，三镇的概念是根深蒂固的，问对方在哪里，如果在城区的话，大多数情况下，回答或汉口、或武昌、或汉阳，当听到上述诸名，方位感油然而生。这与武汉城市的形成颇为相关，千百年来，武汉的城市版图由一而二，由二为三，由三合一，构成了这个城市独特的魅力。

一、三镇概览

翻开武汉的历史，在漫长的岁月星河中，如果想找一个枢纽，"两江三镇"无疑是最闪亮的"节点"。"两江"（长江与汉江）是因，"三镇"（汉口、武昌、汉阳）是果。

从扬子海、到云梦泽、再到江汉平原，武汉经历了沧海桑田的变迁；从漾水、到襄水、到沔水、到夏水、再到长江，1577公里的汉江完成了它的历史使命，从通天河到雅鲁藏布江、金沙江、岷江、嘉陵江，再到汉江，6300多公里的长江找到了它的第一支流；至此，从两江交汇，到江汉朝宗，再到海纳百川，长江与汉江开启了它们新的征程。

因两江而起，看三镇鼎立，今天的武汉，分为汉口、汉阳与武昌三个部分。以长江为界，江南是武昌，江北是汉口、汉阳，以汉江为界，江北是汉口，江南是汉阳。两江分三镇的格局就此打开，三镇鼎立也是一个不断演变的历程。

从汉阳鱼到汉阳人、放鹰台，再到盘龙城；从却月城到夏口城，再到汉口的出现，从春秋战国到三国纷争、隋唐宋元，再到明清民国；从知音文化到工业文化；从黄鹤文化到官派文化、首义文化，再到高教文化；从码头文化到江湖文化，再到市民文化，武汉三镇，发源于汉阳，伴随之武昌，崛起于汉口。

二、双城并起

发源于汉阳的武汉三镇最早的城堡叫作却月城，东汉末年由戴监军所筑，周回180步，高6尺，形如一轮残月，故名却月❶城，亦名偃月❷垒。三国年间，江夏太守黄祖镇守却月城，东汉建安十三年（208年），孙权派大将凌统、董袭破黄祖军，城废。

却月城虽规模不大，但其地理环境独特，南倚龟山，北临汉江，是汉江入江的交通要道，在军事上有着重要的屏障作用。由于有军事屏障的掩护，却月城的居民区达到相当大的规模。由于濒临汉江，南来北往的船只大多停泊于此。因此，却月城成为民用和军需物资运送的良港。东汉末年，却月城已经发展成为"导财运货，懋迁有无"的重要港口。

东吴黄初二年（221年），孙权为西防刘备东进，北御曹操南侵，将都城从建业（今南京）迁移到今天的湖北省鄂州市鄂城区，取"都武而昌"❸之意，将新都

---

❶ 却月，半圆的月亮。
❷ 偃月，横卧形的半弦月，泛称半月形。
❸ 另说"以武而昌"或"因武而昌"，即因为战争需要物资给养，逐步发展而变得繁荣昌盛。

命名为"武昌"。

因当时的武昌周边无险可守,孙权为拱卫都城,东吴黄武二年(223年),在今天武汉的江南地区蛇山靠近江边处,筑了一座军事城堡,由于正面对"夏水"(今汉江)的出江口,因此取名"夏口城"。

"夏口城"建在蛇山头,西临长江,东至今民主路横街头,南依蛇山,北对沙湖,夯土筑城,城围四五里。孙权在筑城的同时,在城西临大江的蛇山之前的黄鹄矶上,修建了一座军事哨所,具有指挥功能的岗楼,这就是后来名扬天下的黄鹤楼。

北魏郦道元在《水经注》中曾盛赞夏口城"依山傍江,开势明远,凭墉藉阻,高观枕流"。由此可见,夏口城因战争需要而建,城为战守,楼为瞭望,是魏、蜀、吴三国争战之战略要地,《读史方舆纪要》称:"夫武昌者,东南得之而存,失之而亡者也。"

汉阳的却月城,武昌的夏口城,从三国年间到元末明初的格局持续了漫长的岁月。"双城共临水,两岸起飞楼",元代诗人余阙在《秋兴诗》里提到的"双城"指的便是武昌与汉阳。明万历元年(1573年)诗人姚宏谟的《重修晴川阁记》中有"武汉之胜迹"的说法(图2-1),这是文

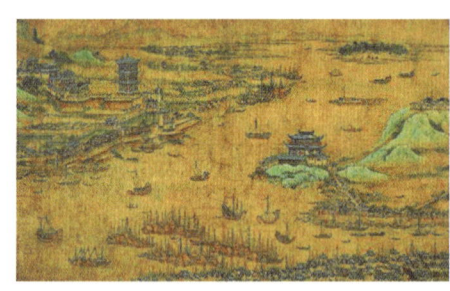

图2-1 明代江汉揽胜图

献上第一次出现"武汉"一词,武汉这个名称也由此而来。需要注意的是,虽为"武汉之胜迹",读起来应为"武、汉之胜迹",这里的"武汉",指的就是双城并立的武昌与汉阳。

三、汉口"天"来

从双城并立到三镇鼎立,汉口从何而来?换句话说,偌大的汉口是如何形成的?所谓汉口者,汉江入长江之口也,也就是说汉口地处长江和汉江交汇之口。

然而，古时汉口之地，原属汉阳。从汉阳汇入长江的汉江，一方面支流众多（沔水、夏水、襄河），另一方面其入江之口也变化无常，沔口、夏口、沙口都曾是汉江入长江之口，甚至附近的鲁山（古大别山，今龟山）以北，也有鲁口（汉江经鲁山之北汇入长江）的说法。然而，天地造化，斗转星移，大约在明成化年间❶汉江最终在今龟山之北流入长江，形成了固定的入江口，汉口从天而来。

明成化初期，大约是15世纪下半叶之初（1465—1470年），汉江下游连年大水，堤防多次溃口。终于大约在明成化十年（1474年），汉江在汉阳县西（排沙口与郭师口❷间）冲出一条固定的河道，汉江从不稳定的分汊入江，到稳定归一的汇入长江。换言之，汉江终于在今龟山之北形成了合而为一的河道，流入长江。这一来汉阳一分为二，汉江之南成为汉阳，汉江之北则为汉口。

众多典籍认为，汉江改道出汉口。笔者认为，与其说是改道，不如说是固道，即汉江固道出汉口。汉口虽然出现，但是前面是长江、汉江，后面是后湖、襄河故道，天上掉下来的汉口因水而生，也因水而患，在其后的160多年间，常常受到水患的困扰，"水涨千重浪，水落满湖荒"（选自民初罗汉《汉口竹枝词》）。明崇祯八年（1635年），汉阳的通判袁焻为防水患，在今天的汉口筑了一条堤（上起硚口，下迄堤口），此堤以其姓命名，叫作袁公堤（今长堤街）。正是因为有这条堤的保护，汉口才得以良好地发展。

四、三镇鼎立

从汉口出现到汉口独立是一个漫长的过程。汉口自出现后，一直由汉阳所管辖。清光绪二十五年（1899年），因汉口的贸易日益繁荣，政务激增，张之洞奏请清廷实行阳夏分治，在汉江以北成立夏口厅，自此，汉口正式从汉阳分离出来，有了独立的地位。

---

❶ 一说1474年，明成化十年。
❷ 郭师口，今郭茨口。

民国初年改汉口厅为夏口县，当时武昌（江夏）、汉阳、汉口（夏口）以各自名称为主，而且各有隶属。江夏属武昌府，汉阳夏口属汉阳府，民初时夏口属江汉道。未形成统一的行政建制。在历史上，也有将汉阳、汉口联称为"阳夏"，将武昌、汉阳联称为"武阳"，将武昌、汉阳、汉口联称为"武阳夏"的说法。

1926年秋，国民革命军攻克武汉。次年初，国民政府将汉口市（辖汉阳县）与武昌合并，划为京兆区，作为首都，并建立统一的武汉市政府。此时，武汉才取得了政区、市区的称谓。此后武昌、汉阳、汉口时分时合。1949年新中国成立前，汉口、武昌、汉阳仍是三分而治。新中国成立后，政务院（今国务院前身）将三镇合并为武汉市，市政府设在汉口，至此，武汉三镇才名副其实地合三为一。

第二节
❋ 盘龙城与城市之根

盘龙城经常被人称为武汉的"城市之根"。关于盘龙城与城市之根的问题，主要讲三个方面：一是盘龙城的发现，二是盘龙城的特点及由来，三是城市之根的探讨。

一、盘龙城的发现

要讲盘龙城（图2-2）的发现，得从20世纪的洪水说起。武汉又称"江城"，坐落在长江与汉江的交汇处，拥有着非常丰富的湖泊资源。古来武汉有夏汭、鄂渚之名，曾是古云梦泽的一部分，因地处长江中游江汉平原东部，既要承接长江上游及三峡库区下泄的来水，又要承接长江中游、汉江及洞庭湖来水，同时下游还有鄱阳湖五河来水的顶托，每年汛期都面临着"上泄下顶两边灌"的巨大防洪挑战。20世纪三次武汉大洪水，至今回忆起来仍然让人感到心惊，从时间看，依次是1931年、1954年、1998年。

图2-2　盘龙城遗址

提到1931年的洪水，那会儿淹死了很多人。沿江大道附近有个地方叫龙王庙，现在修了一个庙址。据说早些年间的确是有庙的，大约在1930年拆了庙，1931年便发洪水，于是有人称"大水冲了龙王庙"，据说当时汉口死亡人数超过30000人。

1998年的洪水，曾在长江的堤上（今汉口江滩黄浦门处）俯瞰过这场震惊全国的大洪水，当时的感觉是长江的水面甚至要比武汉城市沿江大道的路面高得多，地理书上说黄河是悬河，我个人认为当时长江的武汉段其实也是悬江，至今回想起来都心有余悸。

1998年的洪水我记忆深刻，1931年的洪水出现在奶奶的故事中，那么1954年的洪水呢？当我们走到沿江大道武汉市政府斜对面，会看到一个纪念碑，纪念碑上是由毛主席亲笔题的词，那场洪水是整个20世纪武汉市最大的洪水。

当时新中国成立不久，我们面对自然灾害，众志成城，万众一心，要抵御洪水，首先要防范洪水，那么就得筑堤，要筑堤就得取土。而就在人们在张公堤外取土筑堤的时候，尘封久远的盘龙城重现于世（图2-3）。据考证，盘龙城距今有3300～3800年历史，其鼎盛时期距今3500年左右，这就有了3500多年前的盘龙古城是"武汉城市之根"的说法。严格意义上讲，盘龙城的存续不是一个时间点，而是一个时间段。

盘龙城遗址在哪里呢？张公堤外，黄陂南境，长江之滨，府河之侧。即处于张公堤以外，在黄陂区的南边，挨着长江，靠着府河，这就是盘龙城的大体位置。

图2-3 盘龙城的发现

二、盘龙城的特点及由来

之所以说盘龙城是武汉城市之根，究其原因，主要是盘龙城具有以下四个方面的特点。一是前殿后寝，即前面是议事的地方，后面是居住的地方，这是古代宫殿式的城的原始特征；二是官民分居，即贵族和普通的市民住的地方相对独立，并不相同；三是分工明确，即从业者有着明确的分工，生产劳动者、生活服务者、军事保卫者有着不同的分工；四是器皿丰富，有石器、陶器、铜器、玉器，显示盘龙城经历了时代变迁，有着较大的存续时间，并非昙花一现。

除了明确的城市特点，人们不禁要问，盘龙城从何而来，3500多年前的武汉为什么会有盘龙城的存在？据考证，盘龙城的原住民是中原商人❶的一支。关于中原商人为何而来，众说纷纭。其主要说法有四：一是"资源掠夺说"，指的是当时在湖北的黄石大冶、安徽的铜陵发现了铜矿，于是这些人过来掠夺资源；二是"封国方国说"，指的是当时实行分封制，这是商王分封给诸侯的一块土地；三是"军事据点说"，即盘龙城是商王朝与南方民族战斗的前沿；四是"南土行都说"，即盘

---

❶ 商人这个称呼的由来与商朝的商业活动有着直接的关系。在商朝，商业活动已经非常发达，商族人因擅长经商而闻名。商朝被周朝取代后，商族人继续从事商业活动，因此，社会上逐渐将从事商业活动的人统称为"商人"。这个称呼不仅指代了商朝的遗民，也泛指所有从事买卖活动的人。尽管商人的社会地位在不同历史时期有所变化，但"商人"这一称谓一直沿用至今。

龙城是商王南巡时所住行宫的意思。

三、城市之根的探讨

究竟哪种说法正确，目前还没有定论，唯一可以确定的是，这是武汉最早出现城市历史的地方，这个地方被人称为武汉的"城市之根"。但是这个问题其实是需要探讨的，因为从城市的角度来看这地方确实早，不过我们还可以把这个城市的历史回顾得更远一些。

1954年，刚才说到的盘龙城，则是武汉发现最早的城市遗址。

1975年，在汉阳的锅顶山发现了一枚鱼的化石，这是一只没有下巴的鱼，据说鱼的化石形成于2.2亿～4.5亿年前，这是这个城市最早的生命之源。

1997年，在汉阳的纱帽山，发现了当时最早的人类的头盖骨，前面的汉阳的锅顶山像个锅顶，而纱帽山则是像一顶乌纱帽。据说头盖骨属于女性个体，年龄在25～35岁之间，化石成形的时间距今1万～5万年，这是武汉发现的最早的人类遗迹。

1956年，在武昌的放鹰台，发现了5000～6000年前的屈家岭文化的遗址，当时发掘的文物有石器、陶器，还有各种各样的生活用品，可以推测出这个地方曾经有人群居。

横看成岭侧成峰，远近高低各不同。如果讲生命，那么汉阳鱼是这个城市的生命之源；如果讲人类，汉阳人是这个城市的人类之初；如果讲群落，放鹰台是这个城市的群落之始；如果讲城市，盘龙城是这个城市的根。

第三节

❋ 江汉朝宗

江汉朝宗，楚天极目。什么是江汉朝宗呢？关于这个问题，本节分三步来讲解。首先是荆楚大地的形成，从扬子海，到云梦泽，再到江汉平原。其次是江汉朝宗的含义，何为江，何为汉，何为江汉朝宗？最后结合武汉的地理形态，谈谈江汉朝宗与武汉的关系。

一、荆楚大地的形成

人们经常会听到一个成语，叫作沧海桑田。其实用这个成语来形容武汉，形容湖北，形容荆楚大地的形成，非常贴切。

从如今中国的地形来看，可以从西向东分为三级阶梯：首先是青藏高原，海拔4000米以上；其次是黄土高原、内蒙古高原和云贵高原，海拔1000～2000米；最后是东北平原、华北平原、长江中下游平原、山东丘陵和江南丘陵，绝大部分地区海拔在500米以下。

然而在远古时代，荆楚大地是一片汪洋大海。据说，位于青藏高原的喜马拉雅山附近发现过海水中的贝壳，由此推断，曾经的青藏高原可能是一片汪洋大海。如果青藏高原是大海，那么毫无疑问，地势更低的湖北也应该是海。其实这片海是存在的，它的名字叫作扬子海。随着地壳的运动，海水逐步退却，退却之后，慢慢地在湖北这个地方形成了一片泽国，这里的泽是湖泊、沼泽等聚集的地方的意思，这个泽叫作云梦泽，湖北孝感市至今还有云梦（县）这个地名，著名的武汉黄鹤楼门楣上也还悬着"气吞云梦"的牌匾。随着泽水进一步退却，才有了著名的江汉平原。从扬子海到云梦泽，再到江汉平原，武汉园博园长江文明馆里展示了这一过程，同时也铭记着荆楚大地沧海桑田的变迁。

二、江汉朝宗的含义

江汉平原，由长江与汉江冲积而得名，是中国三大平原之一的长江中下游平原的重要组成部分。长江与汉江在江汉平原交汇，于是一个名词应运而生——江汉朝宗。江汉朝宗最早见于《尚书·禹贡》："江汉朝宗于海"。这里的"江"指的

是长江，"汉"指的是汉江，朝宗指的是诸侯见天子的意思，古代的诸侯见天子，春天见叫作"朝"，夏天见叫作"宗"。江汉朝宗，长江和汉江，向大海去朝拜，形容的是万众归一的景象。

其实，纵观关于江汉朝宗的介绍，可以用三个阶段来形容：第一阶段是"嶓冢导漾，东流为汉"。1577公里的汉江，发源于陕西的嶓冢山，最初为漾水，这是汉江的源头。第二阶段则是众水以汉为低，汉以江为低。漾水是汉江的源头，然而汉江经陕西进入湖北以后，首先与襄水交汇，接着翻越了荆山，到了天、潜、沔❶地区，又与夏水和沔水相接，最终到如今的武汉汇入长江。正是因为有这样的流向，我们通常也用襄水（襄河）、沔水、夏水代指汉江。漾水、襄水（襄河）、沔水、夏水以汉江为低，汇入汉江，汉江以长江为低，汇入长江。第三阶段才是"江汉朝宗于海"。6300多公里的长江，发源于唐古拉山，与汉江在武汉交汇，并与汉江一道向东流去，最终在上海汇入大海。这便是江汉朝宗的全过程。

说起江汉，还得提到另一个词——江夏。"江汉"代指长江与汉江，因为夏水也代指汉江，所以江夏与江汉是一个意思，也是长江与汉江。关于江夏，还有一个有趣的小故事。这个故事是关于湖广总督张之洞与梁启超先生的。传说，当时张之洞在武昌府江夏县任湖广总督，梁启超去拜谒张之洞。张之洞是前辈，梁启超是晚辈，张之洞觉得这个人才华横溢，想考考这个人，于是就出了一个上联让梁启超对，"四水江第一，四时夏第二，先生来江夏，孰为第一？孰为第二？""四水江第一"，江河湖海，江是第一。"四时夏第二"，春夏秋冬，夏是第二。"先生来江夏，孰为第一，孰为第二"，意思是梁启超到江夏来，我们两个哪个是第一，哪个是第二？这个问题梁启超真不好回答，说自己第一，年轻人太狂妄，于礼不合；说张之洞第一，等于到这里被张之洞就压了一头。但梁启超不愧是一代文豪，才高八斗，学富五车，思索片刻就做出了回应："三教儒在前，三才人在后，在下本儒人，岂敢在前，岂敢在后。""三教儒在前"，儒释道三教，儒在前。"三才人在后"，天地人三才，人在后。"在下本儒人，岂敢在前，岂敢在后"，意思是谦称自己一个普通的儒人、儒生，

---

❶ 这里沔指仙桃。

既不敢在前,又不敢在后,看起来谦虚,其实也是不卑不亢。

三、武汉的地理形态

因为江汉朝宗,武汉形成了一种独特的地理形态。2007年,武汉国际旅游节有一段宣传词,这段宣传非常贴切地将武汉的地理形态形容出来:"天上的大雁排成一个人字,地上的江河也排成一个人字,天上的大雁南来北往,地上的江河是长江与汉江。"从空中俯瞰,两江交汇,完美地诠释了一个"人"字。

第四节
❀ 寒暑易极

寒暑是寒来暑往的意思,易极指的是经常走极端。武汉的夏天很热,武汉的冬天很冷,走的都是极端。

那么,武汉寒暑易极的原理在哪里呢,又表现在哪些方面?关于这个问题可以分为三个部分,第一部分讲武汉气候概况及地理特点,第二部分讲武汉夏天热的表现及原因,第三部分讲武汉冬天冷的表现及原因。

一、武汉气候概况及地理特点

百度百科上关于武汉的气候是这样介绍的:武汉的气候类型为亚热带季风气候,具有雨量充沛、日照充足、夏季酷热、冬季寒冷的特点。夏季盛行东南季风,冬季盛行西北风。年平均降水量为1150~1450毫米,降雨主要集中在每年的6~8月,约占全年降雨量的40%。年平均气温为15.8~17.5℃,极端最高气温可达41.3℃,极端最低气温可达-18.1℃。年无霜期一般为211~272天,年日照总时数为1810~2100小时。

武汉的气候特点还体现在其地理位置和湖泊众多的自然环境上。武汉的北边是大别山区，武汉的南边是咸宁，东边是黄冈、黄石，同样是山区，再往西边走到了宜昌那一带，其实也是山区，从这个角度看，武汉的地理形貌像一个脸盆。同时，由于汉江的原因，武汉这个脸盆在北方（偏西）有个小口，因为有人戏称武汉像个破脸盆。破脸盆（周边高，北方有个小口）是武汉地理的第一个特征。

武汉的水资源极其丰富。武汉给很多人的印象是中国最长的河流长江与它最大的支流汉江交汇之处，其实，武汉不只有长江和汉江。据资料记载，武汉有21条河流，前文说的盘龙城在府河之侧，府河就是其中之一，还有滠水河、巡司河、马影河等。除此以外，武汉湖泊众多，据统计，武汉有166个湖泊，仅以城区为例，武昌这边有严东湖，严西湖、东湖、沙湖、南湖，汉阳这边的墨水湖、莲花湖、三角湖、龙阳湖，汉口这边的后湖、鲩子源、金银湖、北湖、西北湖等等。由于河流、湖泊众多，武汉的人均水资源占有量是全国平均水平的40倍。水资源极其丰富是武汉地理的第二个特征。

二、武汉夏天热的表现及原因

小时候人们常说江南有三大火炉，就是指南京、武汉和重庆。由于城市的热岛效应，火炉增加了不少，比如说南昌、杭州、长沙。不过，如果仅看气温的话，武汉夏天的温度好像也不是最高的，怎么看好像武汉也不至于到"极"的状态。

其实，仅凭温度计，一般人对于武汉的热很难理解。首先，武汉的夏天热不仅是白天，还有晚上，不仅是高温，还有低温，夜晚最低气温超过30℃。到了晚上，家家户户都抬出一种当时必备的生活用具——竹床（图2-4），整个大街成片的竹床，当时人们戏称"竹床阵"。后来，由于生活水平的提高，电扇、空调相继走入寻常百姓家，竹床已很难再见到，竹床阵更是消失在历史的尘埃中。

武汉的晚上为什么那么热？武汉的最低气温为什么那么高？这与武汉的特殊地

图2-4 竹床

理形态是有直接关系的。因为武汉水资源极其丰富，从物理的角度看，水的比热容比土地的比热容要大，白天吸收了大量热量，晚上水的比热容比较大，放热比较慢。在（水）放热的过程中，武汉的地势又像一个脸盆，周边比城区要高——里面有大量的水，热量释放出来，外面有一个盆子，阻挡着热量挥发，这种地理形态像一个蒸笼。想想蒸包子的过程，武汉的热便容易理解了。

现如今，由于环境的改造，武汉的温度比以前确实低了些，甚至于2020年跌出了"火炉"的排行榜。由于空调的普及，人们也不必再忍受夏日的煎熬。然而，武汉夏天的热却是骨子里的，不信的话，可以关掉空调，挑战一下武汉盛夏的夜晚。

三、武汉冬天冷的表现及原因

其实武汉不仅夏天热，冬天也非常冷。究其原因，这是由于北方的冷是干冷，穿着冲锋衣、羽绒服，风就进不去；但是在武汉不同，武汉是湿冷，风的穿透力太强，从身体的感觉上来看，会更冷一些。

此外，还有一个问题，是武汉特殊的地理形貌，当北冰洋的寒流、西伯利亚的寒流、中国北方的寒流到了武汉以后，一方面是因为"破"而长驱直入，另一方面是因为"盆"而恋恋不舍，这就使武汉冬天的冷变得更加漫长（图2-5）。

图2-5 武汉雪景

夏天的热,冬天的冷,寒来暑往,武汉,寒暑易极。

第五节
龟蛇锁大江

龟蛇锁大江因《菩萨蛮·黄鹤楼》而得名,它像一幅水墨画,描绘了烟雨苍茫中龟蛇二山紧锁奔腾长江的壮丽景象。

"龟蛇静",指的是龟山和蛇山巍峨沿长江两岸矗立,"一桥飞架南北",指的是万里长江第一桥——武汉长江大桥。因为这座桥的修建,千百年来的长江天堑从此变为通途,这座桥像铁锁一样将长江两岸连在了一起。

关于龟蛇锁大江,本节分为三个部分介绍:一是龟蛇的由来,介绍龟、蛇二山的由来;二是龟蛇的故事,介绍龟、蛇二山的传说;三是锁大江的桥梁,介绍武汉长江大桥修建的意义。

一、龟蛇的由来

龟、蛇二山,龟山在汉阳,东起长江边,西临月湖畔,高90.02米,长1730

米,其峰比较大,像一只乌龟。蛇山在武昌,西起长江边,东至大东门一带,高85.12米,长1790米,像一条蛇,比起国家西部的某些山,龟、蛇二山,最多算个小土堆。然而,山不在高,有仙则名,有故事则名。龟、蛇二山早已名扬海外,武汉的知名度也随之提高。

龟、蛇二山是武汉地区最高的"主人",也是武汉沧桑巨变的见证者。虽然,龟、蛇二山,最开始并不是叫现在的名字。

龟山(图2-6),最早叫翼际山。为什么叫翼际山呢?《滕王阁序》里有一句话,"星分翼轸,地接衡庐",翼和轸分别是天上的二十八星宿中一个星宿。据说今龟山所在的位置在翼这个星宿的边际,所以被人称为翼际山。至于大别山,则来自大禹的神话。相传大禹治水曾行至今龟山所在之地,他看到山的两边,北边冰雪渐融,南边郁郁葱葱,于是感叹:"一山隔两景,真大别也!"于是今天的龟山也有大别山的说法。其实,大别的意思是差别很大。与大别类似的还有一个成语——泾渭分明,指的是陕西的泾水与渭水差别很大。此外,龟山还有第三个名字,即鲁山,相传吴国的谋士鲁肃的衣冠冢埋在了此处。为了纪念鲁肃,人们将今龟山命名为鲁山。因此,翼际山、大别山和鲁山,都是龟山的曾用名。

图2-6 龟山

蛇山(图2-7),原名黄鹄山,因为山前有黄鹄矶而得此名。关于黄鹄的说法存在争议,有人说是黄鹤,也有人说是黄色的天鹅。而矶的名称则与水有关,指的是水边的石头，与之类似的还有墩、湾、嘴（咀）。墩，是指水中的高地，如李家墩、陈家墩、易家墩、汪家墩等；湾，是指水伸往陆地的一块半圆形的地带，如月亮湾、周家大湾、张家湾等；嘴（咀），指的是陆地伸往水面狭长的地带，如岳家嘴，青鱼嘴等。通过

图2-7 蛇山

这些地名，我们可以理解武汉的地理变迁，甚至推测古代地理的边界，如沙湖、后湖等。此后，蛇山因长江与夏水（汉江）交汇，又被人命名为江夏山。宋代时，因鄂州治城在山上而建石头城，亦被人称之为石城山。所以，黄鹄山、江夏山、石城山都是蛇山曾经的说法。

二、龟蛇的故事

龟山、蛇山的名称出现较晚，大约是明末的时候，人们相传这两座山有各自的特征。由于二山，一座"若巨鳌浮于水上"，一座"缭绕如伏蛇"，这两座山分别在长江的东边和西边，雄踞江之东西，势若龟蛇环卫，当地的民众便称之为龟山、蛇山。

其实，关于龟蛇的故事还可以追溯得更久远一些。相传大禹治水的时候，此地的水怪兴风作浪，导致洪水滔天，于是大禹派了两名神将开始镇守水怪，一名神将在江的东边，一名神将在江的西边，分别化作一只巨龟和一条巨蛇。虽然这只是一个神话故事，但是在汉阳的江边有着纪念大禹的禹功矶、后来的禹王庙以及建立在禹王庙基础之上的禹稷行宫（图2-8）。无论是龟蛇的传说，还是大禹治水的故事，都造就了龟山和蛇山的俗名。因为俗名的兴起，所以本名渐渐被人们所忘记，比如说翼际山、黄鹄山，然而这些都不重要，重要的是这两座山有仙则名，有故事则名。

图2-8 禹稷行宫

三、锁大江的桥梁

龟、蛇二山分立长江两岸，而龟蛇锁大江又做何解释？个人认为有两种不同的说法。一是地理的原因，长江流经武汉是一个倒"V"字形，最宽的地方有5公里，最窄的地方只有1.05公里，而这个最窄处就在龟山和蛇山之间，从这个意义上讲，龟、蛇二山扼两江之咽喉，起到了"锁"喉的作用。二是横跨两山之间的桥，即后来的武汉长江大桥，从空中俯瞰，它与龟、蛇二山一起牢牢锁住了长江。有人说武汉长江大桥是万里长江第一桥，其实这种说法并不严谨，据说在清末，武汉江面上曾经搭建过三座浮桥。但仅就钢筋混凝土桥梁而言，1957年10月15日通车的武汉长江大桥确实是第一座公铁两用的长江大桥。

武汉长江大桥对于武汉而言，对于新中国而言，有着重要的意义，它是新中国"一五"计划的一部分。新中国"一五"计划包含156个项目，有七个在武汉，分别是武钢、武重、武船、武锅、青山热电厂、武汉肉联厂和武汉长江大桥。1957年10月15日，武汉长江大桥通车后，《水调歌头·游泳》中"天堑变通途"就从梦想走到了现实（图2-9、图2-10）。时过境迁，如今的武汉也经历了沧桑巨变，长江武汉段的跨江桥有了11座之多，近几年穿江隧道修建了好几条，同时整个城市江河湖泊桥隧相连。正所谓："古有龟蛇锁大江，今有大桥跨龟蛇，天堑不知何处去，遍地通途穿江湖。"

图2-9 武汉长江大桥夜景

图2-10 武汉长江大桥

第六节
张之洞与近代武汉

张之洞是武汉的代表人物，为近代武汉的发展做出了卓越的贡献，本节从四个方面介绍，首先要介绍一下张之洞的生平，其次要谈谈张之洞对近代武汉的功绩，再次我们要说说张之洞给我们现在的武汉留下了哪些遗迹，最后还要介绍张之洞与武汉博物馆概况。

一、张之洞的生平

张之洞（1837—1909），字孝达，号香涛，又号香严，晚年自号抱冰老人（图2-11）。原籍直隶南皮（今属河北省沧州市南皮县），生于贵州贵阳六洞桥。曾任总督，称"帅"，故时人皆呼之为"张香帅"，与曾国藩、李鸿章、左宗棠并称"晚清中兴四大名臣"。中国晚清重臣、后期洋务派代表人物。

图2-11 张之洞

1850年，张之洞回原籍参加乡试，13岁中举人，16岁中解元，27岁中探花，授翰林院侍讲学士，其后在山西、两广、湖广等地任职。1867年，出任湖北学政。1881年，出任山西巡抚。1884年，张之洞擢升两广总督。1889年，调任湖广总督，办汉阳铁厂、湖北枪炮厂，设织布、纺纱、缫丝、制麻四局。1907年，其又任军机大臣，次年11月，以顾命重臣晋太子太保。1909年，病卒，享年72岁。

纵观张之洞的一生，在其任职湖广总督的十八年（1889—1907年），为武汉的发展创下了丰功伟绩。

二、张之洞对近代武汉的功绩

张之洞对近代武汉的功绩具体体现在以下几个方面。

（一）定格局

张之洞督鄂之前，武汉并不是如今的三镇概念，而是以长江为界，是行政上各自独立的两端：南侧是武昌城，北侧是汉阳府，而汉口是归汉阳府管辖的。在汉口开埠之后，汉口的地位逐渐上升，1899年，张之洞奏请朝廷设立夏口厅，从此汉口与汉阳分治，武汉也就形成了两县一厅的格局，这就形成了如今武汉三镇格局的雏形。

（二）兴实业

张之洞把大机器工业视作"富民强国之本"，任职湖广的十余年间，排除万难，创建现代机器工厂，最主要的有三家：汉阳铁厂、湖北枪炮厂、布纱丝麻四局。兴实业成为张之洞主持之"湖北新政"的基石。

1.汉阳铁厂——汉冶萍公司

1889年张之洞奉调出任湖广总督，经海军衙门允准，将其两广总督任上自英国订购的钢铁厂设备转运湖北，1890年，在汉阳龟山（大别山）北麓、汉江西岸，建汉阳铁厂。

汉阳铁厂（图2-12）不仅是中国，更是全亚洲第一家兼营煤矿、铁矿开采、炼铁、冶钢、轧钢的现代化钢铁联合企业，比日本首家钢铁联合企业八幡制铁所早七年。所产钢铁在清末民初占全国钢铁总产量多半，外人称为"20世纪中国之雄厂""大有振衣千仞，一览众山之势"。然官办企业经营不善，铁厂连年亏损，难以为继，1896年交盛宣怀主持，成官督商办企业。1908年汉阳铁厂与大冶铁矿、萍乡煤矿组成"汉冶萍公司"，官督退出，纯商办，日本等外国资本大举进入。

图2-12 汉阳铁厂

2. 湖北枪炮厂——湖北兵工厂

军事工业是洋务运动的重点建设项目，故有"军工洋务"之称。张之洞在其两广总督任上自德国订购的枪炮厂设备，继铁厂之后，1892年转运湖北，建湖北枪炮厂（图2-13）。1904年，湖北枪炮厂改名湖北兵工厂，又称汉阳兵工厂，所产步枪俗称"汉阳造"，是清末及民国中国陆军使用的主要国产兵器。

图2-13 湖北兵工厂

汉阳铁厂与汉阳兵工厂的机器于抗日战争初期内迁四川，成为支撑抗战的重要军工设备。

回顾中国工业化历程，人称"讲到重工业，不能忘记张之洞"。意为不能忘记张之洞建设重工业的首创性业绩，同时也不能忘记他留下的经验教训。

3. 布纱丝麻四局

张之洞以"求强"为首务的清末洋务运动起步于军工，后来兼顾"求富"，又注重轻纺工业。张之洞主持的实业建设，轻纺工业与钢铁工业、军事工业大体同步。1890年湖北织布官局于武昌文昌门外兴建，1892年落成，装英国布机一千张、纱锭三万枚,所产原色布、斜纹布大受欢迎。此后又建纺纱官局、缫丝局、制麻局。武昌沿江的"布纱丝麻四局",是华中地区最大的纺织工业中心。轻纺工业赢利显著,然其利润多被挪用于填补铁厂及兵工厂巨大的财务亏空,加之官办企业经营不善,"布纱丝麻四局"发展受限,于是转向了官督商办、民办,逐步演化成楚兴公司、大华公司、大兴公司、裕华公司以及现在的衣钵继承者裕大华公司。所以就实业而言,左岸是钢铁,右岸是纺织,长江两岸各有千秋,各结硕果。

(三)办文教

在从事洋务建设过程中,张之洞深感通晓时务人才的缺乏,遂有改革旧式文教的举措。

1. 书院教育

张之洞为尽快培养新式人才,遂对传统书院加以改造,创立经心书院、江汉书院、两湖书院,教学内容及方法均仿效新式学堂。其中两湖书院最为成功(图2-14),由湘、鄂两省茶商捐资,招收两省士子入读,开设天文、地理、测量、化学、兵法等新科目,实行班级授课,延聘通晓中西学术的学者任教,培养了黄兴等一批杰出人才。

图2-14 两湖书院

2. 普通学堂

20世纪初叶,张之洞兴学重心转向普通教育,创办初等小学堂、高等小学堂、普通中学堂、文高等学堂,还开办幼稚园(幼儿园)。

3. 师范学堂

张之洞认为,"师范学堂为教育造端之地,关系至重",开办一批师范学堂,如湖北师范学堂、两湖总师范学堂、湖北师范传习所、支郡师范学堂。

4. 专科学堂

张之洞深觉农工商实业人才及外语（时称"方言"）人才奇缺，为敷急需，他致力于各类专科学堂的设立，如方言学堂、算学学堂、农务学堂、工艺学堂（图2-15）、矿业学堂、工业学堂、军医学堂、方言商务学堂等。今之武汉大学、华中农业大学、武汉科技大学等高校由其演化而来。

图2-15 湖北工艺学堂

5. 留学生派遣

中日甲午战争之后，掀起了留日热潮，张之洞是有力推动者，他有"出洋一年，胜于读西书五年"及游学"西洋不如东洋"之论，1896年开始，广派游学生赴日本学习实业、军事、师范、法政，收"百闻不如一见"之效。湖北派出留学生数量在1907年前后数年居全国各省前列。湖北派出的留学生涌现出一批政治家、军事家、科学家和人文学者，如黄兴、吴禄贞、蓝天蔚、宋教仁、汤化龙、李四光等。

6. 近代文化设施的建立

张之洞督鄂期间致力于新闻、报刊、出版等文化事业的近代化建设，尤其值得纪念的是，在南北书库基础上，1904年开办湖北省图书馆，此为中国最早的面向社会公众的公共图书馆。所创《湖北官报》开湖北新闻纸之先河。

（四）修水利

1889年张之洞来汉后在武昌南北修建了两条长堤［武昌到金口的武金堤（图2-16）、武昌到青山的武青堤］，同时修建了武泰闸（图2-17）、武丰闸（图2-18）两个闸口，保住了武昌一方平安。而那时的汉口，则始终受后湖水患威胁。汉口堡之外的大片土地，夏天汛期来时白浪滔天，冬季水退之后泥泞没胫，让汉口人十分头疼。1905年，张之洞修建后湖长堤，不仅挡住了威胁汉口的水患，同时也将汉口的面积扩大了几十倍。后来，人们后来为了纪念张之洞，又将后湖长堤称为张公堤（图2-19）。历经百年，张公堤现在依然是汉口一道重要的堤防。

图2-16　武金堤

图2-17　武泰闸

图2-18　武丰闸

图2-19　张公堤

（五）建铁路

1889年张之洞调任武汉一个重要的原因是修建卢汉铁路。1906年4月，这条北起正阳门至汉口的、全长为1214公里的南北大动脉终于全线通车。清廷派张之洞与袁世凯共同验收，并改称为"京汉铁路"。京汉铁路是中国铁路史上的壮举，一个多世纪以来一直是我国内陆腹地最重要的交通干道。京汉铁路通车以前，北京到武汉单程需要27天，通车后，慢车60小时，快车36小时，京汉铁路的通车缩短了北京到武汉的时间，改变了中国的交通及商业格局，显著地提升了武汉乃至湖北的地位。1910年,汉口的GDP居于全国第二位,仅次于上海。

伴随着京汉铁路修建,汉口坐拥数个火车站,分别取名为玉带门、循礼门、大智门、刘家庙,其中1903年修建的汉口大智门火车站至今还依然屹立在京汉大道旁,成为老武汉记忆的一部分。

而现今武汉的三大火车站,汉口站外形便源于汉口大智门火车站(图2-20),是一座放大版的汉口大智门火车站;武昌站(图2-21)的外形则来源于湖北的文物编钟;武汉站(图2-22)则由九个波浪组成,象征着"九头鸟"的形象,同时,中部突起的部分则意喻着中部崛起的美好愿景。

图2-20 新汉口站

图2-21 武昌站

图2-22 武汉站

三、张之洞留下的遗迹

张公督鄂十八年,与张之洞先生相关的城市印记比比皆是,比如中山公园里的张公亭,蛇山上的抱冰堂(图2-23),以及因修建武汉长江大桥而拆除的奥略楼(图2-24)。

图2-23 抱冰堂

图2-24 奥略楼

四、张之洞与武汉博物馆

2001年,武汉市开始筹建张之洞与汉阳铁厂博物馆;同年"张之洞与汉阳铁厂博物馆"(初名展览馆)落成;2018年3月27日,张之洞与武汉博物馆新馆正式开馆。新馆位于湖北省武汉市汉阳区琴台大道169号,占地面积约1000平方米,建筑面积1200平方米。隶属于武钢集团汉阳钢厂,是一座社会科学类历史专题博物馆。以其独有的特色和视角反映了洋务运动和中国钢铁历史及武汉城市发展史。新馆以展柜陈列实物(典籍)、墙面陈列历史照片,并按历史发展阶段相结合的形式布展。新复建的"汉阳铁厂"门楼、"汉阳兵工厂"门楼是武汉一景和市民的地名标志。

新馆是全钢结构,用钢3500余吨,像一艘巨轮一样,航行至远方(图2-25)。昔贤整顿乾坤,缔造多从江汉起。今日交通文轨,登临不觉亚欧遥。今日之武汉,勇立潮头,敢为人先,崇尚文明,兼收并蓄,像一艘巨轮,奋勇向前。

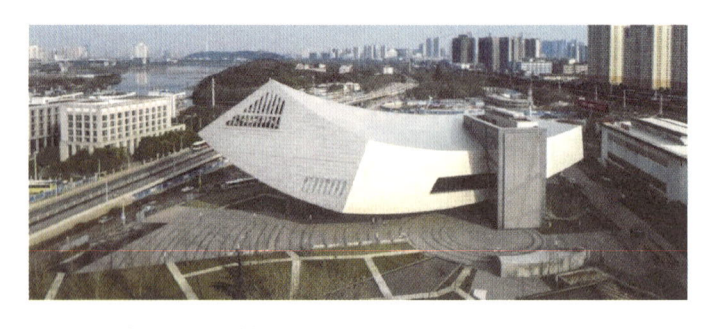

图2-25 张之洞与武汉博物馆

第七节 武汉美食

一、武汉美食概述

作为历史文化名城,武汉自古以来就有丰富多彩的饮食文化。经过几千年的发展,武汉饮食文化在荆楚文化的影响下,凭借"九省通衢"的地理优势,吸收了长江上游的巴蜀,长江下游的吴越,乃至中原、粤桂各地饮食文化的精华,因而形成了以水产为本,以蒸煨为主,口鲜味醇,秀丽大方,雅俗共赏,南北皆宜,既有楚乡传统,又有时代特点的风味特色,体现了中游区域的饮食文明。具体而言,有以下几点。

(一)丰富的原料

武汉周围水网密布,得水独厚,又处于华中腹地的长江中下游,是全国闻名的鱼米之乡,历来有"湖广熟,天下足"的说法,全省六山一水三分田。山珍无不富有,农副食品异常丰足。尤其是淡水鱼鲜,其品种之多,产量之大,食用之广,为其他任何菜系所不及。如此丰富的烹饪原料,为武汉饮食的发展奠定了坚实的基础。在众多名特食品中,尤以洪山菜薹(图2-26)和武昌鱼(图2-27)最为有名。宋代文豪苏东坡慕名到武昌品尝洪山菜薹的故事,清代湖广总督李勤恪挖土到安徽种植洪山菜薹的传说,使洪山菜薹名声大振。历代文人墨客对武昌鱼的赞美,毛泽东主席对武昌鱼的

图2-26 洪山菜薹

吟诵，使武昌鱼成为享誉中外的烹饪原料，这些独特烹饪原料是形成汉菜特殊风味的基础。

（二）别具一格的烹饪风格

汉菜在烹调技法上，蒸、煨、炸、烧应用最广，也最为得心应手。武汉厨

图2-27　武昌鱼

师则十分讲究勾底功夫——即注重菜肴火候的掌握，对火候的要求十分严格。汉菜的蒸、煨、烧等烹调方法是特别讲究火候的几种烹调方法。以"蒸"为例，原料在锅内或笼内，人的眼睛无法观察它的成熟度，全凭厨师的经验来控制火候的大小和时间的长短。如"清蒸武昌鱼"；有的须用中小火短时间蒸，不及则生，过之则烂，没有丰富的经验是难以掌握的。

（三）众多的菜品

汉菜有相当数量的菜品，据有关资料不完全统计，汉菜现有菜点品种数千种，其中传统名菜不下五百种，经典名菜点不下一百种，清蒸武昌鱼、红烧鳜鱼、长江鮰鱼、排骨藕汤、腊肉菜薹等，无不为汉菜之佼佼者。豆皮、汤包、热干面、面窝等，皆为武汉小吃之精华。而在这众多的名菜点中，大中华武昌鱼、老通城的豆皮等至今在国内外享有极高声誉。

（四）特色的小吃

虽然湖北的饮食主要与水有关，但是武汉的美食有一个非常大的特色，就在于早点，武汉人称为"过早"。毫不夸张地说，武汉的早点可以一个月不重样，这是一种谦虚的说法。在很多人儿时的记忆里，与武汉早点相关的有很多顺口溜，比如老通城的豆皮（图2-28）、四季美的汤包（图2-29）、谈炎记的水饺、五芳斋的汤圆（图2-30）、蔡林记的热干面（图2-31）和小桃园的鸡汤。实际上不止如此，还有德华楼的包子、老谦记的豆丝、田恒启的糊汤粉等。武汉的早点，绝对

图2-28 老通城

图2-29 四季美

图2-30 五芳斋

图2-31 蔡林记

丰富，以粉为例，有宽粉、细粉，以面为例，有炸酱面、热干面、肉丝面、牛肉面等，配上豆浆、油条、糯米包等，武汉的早点一个月不重样，绝对名副其实。

武汉地处祖国中部，长江横贯其境内，可谓得中独厚，得水独立。从古至今，武汉汇聚了天南海北各地人，同时兼收并蓄了东南西北的饮食文化。武汉小吃，尤其是早点，无疑是在兼容各地风味的基础上发展起来的，它能够满足不同人的口味，适应天下人的需要。现今，武汉每天的流动人口多达百万以上，这些人不可能是同一种口味，同一种饮食习惯，而武汉品种丰富的特色小吃，风味各异，正好满足众口的需要。

另外，即使是同一食品也可以任人调味，比如武汉名吃热干面，芝麻酱、香醋、酱油、辣椒等都可以根据自己的口味任意加入。而且因为是大众食品，其价格也能为平民所接受。

据此也有人认为武汉小吃的特色不甚明显，事实上我们细究起来，武汉小吃可概括为以下几个主要特色：一是品种丰富，口味各异；二是主料多为米、豆制品，兼及面、薯、蔬、蛋、肉、奶；三是因时而异，轮流上市，一年四季，小吃上市品种时间各不相同；四是小吃是武汉人过早（吃早餐）的主要品种。武汉居民不论春夏秋冬，都习惯在小食摊上过早；五是包容性强，对外来品种大胆移植和改进。

二、热干面的产生

武汉的小吃品种繁多，各具特色，其中最普遍而又最具特色的是武汉的热干面（图2-32），距今有90多年的历史❶，与山西的刀削面、北京的炸酱面、四川的担担面和兰州拉面，共称为五大名面。

图2-32　热干面

热干面既不同于凉面，又不同于汤面，做法十分独特，它是将面条煮熟之后拌上油，摊开晾干，吃时再放到水里烫热，加上佐料，即可食用。吃起来香气浓郁，耐嚼有味，独具特色，是驰誉全国的著名小吃。

武汉的热干面历史并不长，据说是一个偶然的情况下形成的。大约在20世纪30年代初，汉口长堤街住着一个名叫李包的人。他每天在关帝庙一带卖凉粉和汤面，做小本生意的人特别注意进货和出货的数量，生怕亏本。但是武汉是个出了名的火炉，夏天天热时更易使得食物变质。李包虽然很小心，但是有一天时辰已近傍晚，他的面条还是没有卖完，李包担心面条发馊变质，就把剩下的面用开水煮过，摊在案板上，想保存到第二天再卖。屋漏偏逢连夜雨，船迟又遇打头风，慌乱之中，一不小心碰倒了香油壶，把香油全泼在面条上，散发出阵阵香气。李包正在懊恼之际。忽然又灵机一动，有了主意，他索性将所有的面条与泼洒的香油拌和均匀，再摊晾在案板上。

---

❶ 各类资料存在争议，综合来看，大约20世纪20年代末以后，1949年以前。

第二天早上李包将头天晚上拌了油的熟面条放在沸水里烫了几下，滤出水，放在碗里，加上卖凉粉所用的芝麻酱、葱花、酱萝卜丁等佐料，弄得热气腾腾，香气扑鼻，可谓三鲜俱全，诱人食欲，人们顿时涌了过来，争相购买，吃得津津有味，个个赞不绝口，都说从来没吃过这种美味的面条，有人问李包，这叫什么面，李包不假思索地脱口而出，说是"热干面"，又有好事者打听是从哪里学来的，李包半开玩笑半认真地说道："这是咱自己独创的。"人们信以为真，此后李包便专卖热干面。由此，人们向他学艺。

三、蔡林记的出现

热干面一经问世，便普遍受到人们的喜爱。吃热干面的人越来越多，经营热干面的摊子也越布越广。两三年后有个叫蔡明纬的人学到了制作热干面的手艺，同时改进了流程和工艺，就在汉口的满春路口开设了第一家专营热干面的面馆，因是与他的弟弟蔡明经合营，门口又有两棵苦楝树，双木为林，于是取名蔡林记❶。这便是第一家蔡林记的由来。

四、热干面的品牌

蔡林记的热干面打出了名头，光阴荏苒，岁月如梭，现在武汉的热干面品牌百花齐放，各领风骚。除了蔡林记外，比较知名的还有常青麦香园、曾麻子热干面、蔡明纬、庞记、李记，还有卢记、鹏记、长子等诸多品牌。但如果你要问土生土长的武汉人哪家热干面好吃，估计十有八九会这么回答："我们家楼下这家。"

对于武汉人而言，热干面是一种文化。可见无论你是身在豪门，还是处在市井，无论你是男是女，是老是少，都不得不承认热干面就是这个城市的名片，就是这个城市的象征，就是这个城市的灵魂，是这个城市不可分割的一部分。

---

❶ 有资料显示是1928年。

江漢關

第三章

汉江改道出汉口

第一节

❋ 汉江与汉口

一、汉江改道

在古代，我国人民根据山水的方位来判定阳和阴。山岭南边、河水北边的地方被称为阳，山岭北边、河水南边的地方被称为阴。一些地名往往与附近的山水相对应。如陕西的华阴，在华山之北；江苏的江阴，在长江之南；湖南的衡阳，在衡山之南；河南的洛阳，在洛河之北（图3-1）。

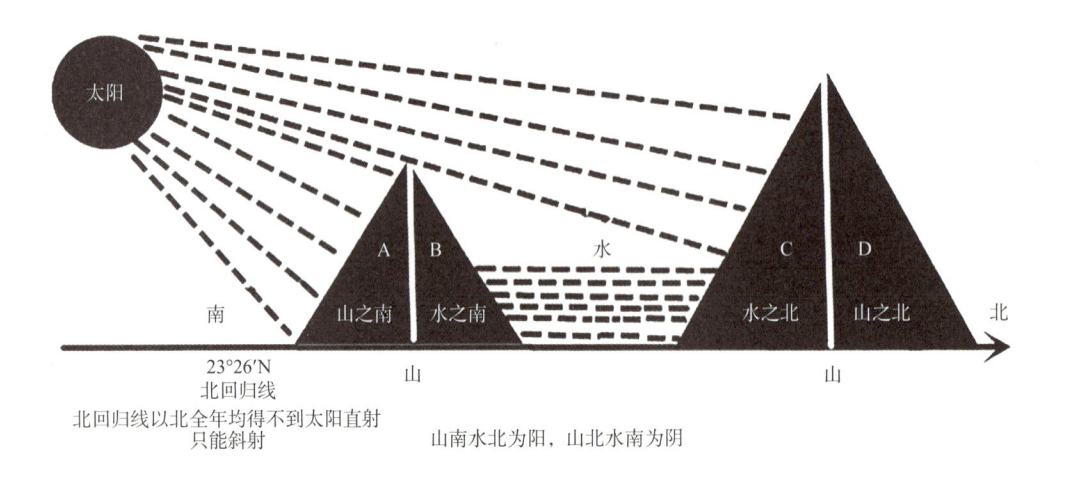

图3-1 山水阴阳示意图

先民往往选择依山傍水的地方居住，而山南水北的区域往往光照充足、雨水丰沛，有利于人类的繁衍生息，因此人们往往选择居住在山南水北的阳面。以"阳"字命名的城市非常多！仅仅在河南省，带有"阳"字的城市名称就有十几个，而在全国范围内，有100多个城市以"阳"字命名！相反，以"阴"字作为城市名的数量就很少，知名度也比以"阳"为名的城市差得多。因为按照地理因素，在古代，"阴"地的环境条件相对不太适宜农业生产，形成大规模聚居地的可能性较小，所以保留下来的地名就很少。全国范围内仅有不到10个城市以"阴"为名。

汉阳得名于汉江，即今天的汉江，它发源于陕西省的汉中市宁强县的嶓冢山，经过陕西和湖北两省，最终在武汉汇入长江，全长1577公里，是长江的主要支流之一。然而，现在的汉阳却不在汉水之北，而在汉水之南，这是什么缘故呢？

汉阳在汉水之南，既不是古人起错了地名，也不是汉阳搬了家，而是汉水改道造成的，由汉水之北搬到了汉水之南。汉水原来是从汉阳南边汇入长江的。《尚书·禹贡》有云："汉水南至大别入江。"郦道元《水经注》记载："汉水东行，触大别之陂，南与江合。"这就是说汉水古时是从大别山（即今龟山）之南入江的。然而，汉水故道早已淤为平地，具体在汉阳南边的什么地方，今天已无法考证，大致的位置在郭师口（今郭茨口）折向东南，经邓家岭西南至旧汉阳城南，在今夹河至鹦鹉洲头一带入江，略对武昌鲇鱼套。

明朝成化年间，大约是15世纪下半叶之初（1465—1470年），汉江堤防多次溃口，最终在汉阳县西，郭师口（今郭茨口）之上，汉江冲决旧河道笔直向东而流，从黑山（今赫山）、梅子山、龟山之北注入长江，将汉江从不稳定的分汊入江到稳定归一地汇入长江。换言之，汉江终于在今龟山之北形成合为一的河道流入长江。这一来也把原来的汉阳一分为二，汉江之南称为汉阳，汉江之北则为汉口。

关于汉阳为什么没有改成汉阴，有多种不同的说法：一是多年以来，约定俗成；二是陕西已有汉阴县（汉阴县的名称始于唐代至德二年，当时县城设在汉江的南岸，因为在江水南边，所以被命名为汉阴），为免重复，保留原名。因此，虽然汉阳已经"名不副实"，但作为古地名依然保留至今！

二、汉口初成

明成化初年汉江改道后，新的入江口被称为汉口（意即汉江之口）。汉口位于长江汉江交汇之处，经汉江冲刷后，港深水阔，既占水道之便，又擅舟楫之利，水运条件优于武昌、汉阳港区，四乡居户陆续移居两岸修房建铺，人烟渐至密集，长江沿线的往来商船，为避江上风浪，纷纷移泊于此。沿汉江而下的商贾船家，也乐于在沿岸装卸、贸易。水运的繁荣带来了商业的兴旺，汉口市集随之出现。

然而，汉口地势南高北低，汉口前临汉水、长江，后靠后湖（又名潇湘湖），处于三大水域环抱之中，因水而生，因水而兴，也因水而患，常年受到水患的侵袭。"水涨千重浪，水退满湖荒。"

明崇祯八年（1635年），汉阳通判袁焻主持在汉江北岸市区以北、后湖以南筑起一道半月形十里长堤，上起硚口，下至堤口（今王家巷），人称袁公堤。

因为筑堤取土，堤外挖出一道宽约两丈的沿堤壕沟，蜿蜒如带，故取名玉带河（图3-2）。

图3-2 汉口玉带河旧影

该河道上接汉江，下通长江，两岸遍植杨柳，景色旖旎，河水由硚口引进，从堤口流入长江。春夏水涨之际，河中可通舟船。沿河架有石桥、木桥30余座（多福桥、保寿硚、六渡桥以及广益桥的名称因此而来），可以通达后湖黄花地。

袁公堤的修筑，使汉口免除了后湖水患，增强了市区抵御洪水的能力，对汉口的经济发展起到了积极作用。同时又改善了水运环境，促进了汉口的商贸旅游。袁公堤修成后，汉江北岸趋于稳定，有了长足的发展，市镇规模逐渐扩大，汉口初步形成。

第二节 汉正街的兴起

一、正街与官道

汉正街，顾名思义就是汉口正街。汉正街的历史可以追溯到明朝成化年间，当时汉江改道，沿着新河道的北岸形成了新兴的汉口镇。这里是长江上游的重要港口，也是中原和西南地区的贸易中心。沿街店铺林立，八方商贾云集，并相互连接，形成了横贯东西的十里长街。

汉正街最初并不是一个统一的名称，而是由多个不同的正街组成，每个正街都有自己的名称和特色。自西向东，分别称为玉带门正街、杨家河正街、武圣庙正街、石码头正街、五彩正街、永宁巷正街、沈家庙正街等。这些正街都是以当地的地名、建筑或行业命名的。汉正街上有各种各样的商品，从粮食、布匹、药材、瓷器、茶叶、香料到珠宝、金银、玉器、字画等，应有尽有。汉正街上也有许多文化娱乐场所，如戏院、茶馆、书店、报馆等。

明嘉靖年间（1522—1566年），汉阳县设巡检司管理汉口镇。巡检司主要职责包括监督和管理军事训练、治安巡逻以及处理相关的事务，一方面汉正街是巡检司所走的官道，另一方面因为隔着一条汉江，今天来，明天走，隔三岔五不在汉口，汉口长期处于无"官"的状态。

清康熙年间（1662—1722年），汉口巡检司治所由汉阳的崇信坊（今南岸嘴❶）迁到汉江对面汉口，汉正街因而正式成为汉口镇的正街，又称官街。

---

❶ 嘴，与咀同义，指陆地伸往水的狭长地带。

二、此地从来无土著，九分商贾一分民

从经济学的角度来看，水运的成本远低于航空、铁路和公路，飞机运输有限，火车百吨已是上限，汽车十吨已是负重，然而内河水运千吨不在话下，万吨并不夸张，海上油轮十万吨也不罕见，吨位的优势带来了交通优势，交通优势带来了低廉的成本，因此，人类文明的起源大多与水运相关，比如四大文明古国，古埃及起源于尼罗河流域，古印度起源于恒河流域，古巴比伦起源于底格里斯河与幼发拉底河流域，而中国起源于黄河流域；西方文明摇篮，古希腊起源于爱琴海流域，古罗马起源于地中海流域；大航海时代的西班牙、葡萄牙，海上马车夫荷兰，船坚炮利的英国和法国，可以说，人类文明的发展与水运（或航运）息息相关。从这个角度来看，汉口亦是如此。

由于当时袁公堤的兴建，地处长江汉江交汇之处的汉口镇形成了一个天然的港口。尤其是汉江流域，风浪较小，适合停船且交通便利。往东走，沿长江，可至安徽、江西、浙江、江苏、上海；往西走，可至重庆、四川、贵州、云南；往南走，沿长江，过城陵矶，转湘江，可至湖南、广东、广西；往北走，沿汉江转陆路，可至陕西、山西、内蒙古。

正因为独特的交通优势，全国各地的商品在此汇聚，湖南的竹木、江南的丝绸、内蒙古的牛羊、陕西的米粮在汉口交易，在繁华商业的带动下，作为停靠装卸商品的媒介，码头扮演了重要的角色。长江流域各省来汉进行贸易的商船，均有停泊的码头，至清朝咸丰末年，汉口自硚口至江汉关共形成了大小码头60余座，汉水北岸即有"廿里长街八码头"的说法。

伴随着交易与码头，汉口的"江湖"文化逐步形成。这种江湖文化带来了各种各样的商业竞争，有良性的，也有恶性的。良性的，比如说黄鹤楼，其前身是汾酒，是经过改良形成的，也称为"汉汾酒"，当然也有恶性的，比如打"码头"。

除了商品的聚集以外，人的聚集也开始涌现。交易的地方称为"市"，生活的地方称为"坊"。居仁坊、由义坊、循礼坊、大智坊、崇信坊（崇信坊汉阳南岸嘴），取仁义礼智信之意，一个地方住不下了，慢慢地扩展一个新的地方，城镇的

面积在不断地扩大，汉口镇的人口规模也在不断增长。一方面客商以及与商业发展紧密相关的码头工人纷至沓来，另一方面经过不断繁衍，清前中期，汉口镇逐步形成了"五方杂处"的格局。清代叶调元写的《汉口竹枝词》有言："此地从来无土著，九分商贾一分民。"（图3-3）这里的"此地从来无土著，九分商贾一分民"，指的是汉口本地人不多，绝大部分人是商或者贾。商即行商，做买卖的从湖南到湖北，从山东到山西。贾为坐贾，经历提篮子、挑担子、摆摊子、开店子、办厂子……的历程，有固定的经营场所。

商和贾共同构成了这个地方独有的文化，当然也促进了武汉方言的形成。现今的武汉话是在古代汉阳府官话的基础上发展起来，并且吸收周边迁来居民的方言而形成的不同于原先汉阳官话的方言。上古时代的楚国语言，经过动乱和移民，融进了北方语。而到明代初期，汉江改道，汉口从汉阳分离出来，名为汉口镇，并崛起为新兴码头，但仍从属于汉阳府管辖，内部通用汉阳官话。汉口镇交通的便利迅速吸引周边地区的人们来此经营、定居，逐步形成了以汉阳官话为基础、融进周边移民语言成分、具有独特色彩的汉腔。至20世纪40年代末，三镇合一，原来的方言内部的差异逐步缩小，形成基本统一的武汉话。

图3-3 九分商贾一分民

三、十里帆樯依市立，万家灯火彻宵明

两江交汇，水运交通是汉口商业贸易得以发展的优越条件。汉江入长江口一带水流平缓，成为停泊大小船只的避风港。于是在汉口沿汉江上下，先后建起泊船货的码头，以满足长江上下游来船停靠装卸的需求。水运业和商业的兴盛对汉正街的繁荣起到了推动作用。

清代前期，汉江沿岸码头已基本形成以北岸为主的"八码头临一带河"态势。从上至下，就有宗三庙、杨家河、五显庙、老官庙、沈家庙、接驾嘴（今集家嘴）、四官殿、龙王庙等名码头。由长江、汉江而来的商船各有习惯的停泊地点，湖北本帮及江西商船多停于北岸港口，川、黔等商船惯泊于南岸码头，而江浙及徽帮商人因资财雄厚则占北岸最方便的港区。据近世有人粗略统计，汉江两岸泊船量常年达2.4万～2.5万艘次之多，沿河的汉正街一带呈现出"十里帆樯依市立，万家灯火彻夜明❶"的繁华景观（图3-4）。"帆樯"指的是船的桅杆，"十里帆樯"形容船沿着汉江边摆开，绵延十里。以当代人的眼光来看，这的确不算什么，一脚油门几十公里不就那么回事！可那是在一个"交通基本靠走，通信基本靠吼"的时代。人走十里不近，船连十里也远，更何况铁锁勾连，首尾相接，船身并排，

图3-4 十里帆樯依市立

成片的木船大多可延伸到江中，其场景极为壮观。十里帆樯如此，万家灯火更为不易。没有电灯，煤油灯是很昂贵的，一家点不易，万家点更难，万家彻夜点更是难上加难。从夜空看城市，汉口的繁华可见一斑。

清康熙、乾隆时期，全国政局稳定，国家统一，社会经济迅速发展，成为自唐代以来的盛世。这一时期，汉口镇的商贸、水运、服务诸业均获得显著发展，成为中国内陆最大的商市，乾隆《大清一统志》称汉口为"楚中第一繁盛处"。此时的汉口镇已与北京、佛山、苏州同称天下四聚；又与景德镇、佛山镇、朱仙镇并列为全国四大名镇。这种状况一直持续到鸦片战争前后。

回顾整个汉口初期的发展历程，汉江改道是起点，袁公之堤是保障，水运商业是基础，万家灯火则是历史的必然。从经济学的角度来看，汉口发展的初期有点类

---

❶ 作者为明末清初女诗人吴琪，诗名不详。

似于经济学理论中所描述的完全竞争市场形态：市场上有无数的买者和卖者；生产同质的商品；进入和退出的壁垒是自由的；信息是完全的。从理论上看，完全竞争市场是人类迄今为止最有效率的市场形态，这种特殊的市场形态带来了汉正街的兴起，带来了汉口的发展，也带来了这个城市的繁荣。

第三节　风貌区的形成

一、长江之滨，租界之始

1842年，英国侵略者发动鸦片战争，迫使清政府签订《南京条约》，除获得巨额赔款和香港岛外，还迫使清政府开放广州、厦门、福州、宁波、上海五处通商口岸，中国东南的大门由此被打开。

然而，英国和随之而来的法国，并不满足于他们在《南京条约》里取得的权益，北部沿海和内地，特别是长江流域没有开放，使他们不能如愿地控制中国广大的市场。1856年，英法挑起第二次鸦片战争，攻陷天津大沽口，迫使清政府于1858年订立不平等的《天津条约》。1858年6月26日签订的中英《天津条约》，汉口被确定为对外通商口岸。

1861年3月，英国公使馆参赞巴夏礼，携驻华舰队司令贺布，率四艘军舰、几百名水兵组成的舰队到达汉口，拜会湖广总督官文，商议汉口开埠开港、"租地建屋"等事宜。中英双方划定从花楼巷往东八丈（今汉江路附近），到原甘露寺江边卡东角为止，"量得其长二百五十丈，进深一带一百一十丈"。3月21日，巴夏礼至湖北藩司衙门，与湖北布政使唐训方订立《汉口租界条款》。中英双方宣布汉口正式开埠，对外开放。

于是，从1861年3月起，从汉口太平街（今江汉路）至今合作路，西至今鄱阳街一带的江边便出现了汉口的第一个租界——汉口英租界。

此时,汉口已由硚口、汉正街扩展至黄陂街、花楼街一带,并转向一片滩涂的东北方向,这里人烟稀少,地势开阔,交通方便,相对于以木船为主的汉江流域,英国人的轮船更适于长江流域的发展,汉口的重心也从汉江流域转向长江流域。

英租界之后,汉口又陆续建立了德租界、俄租界、法租界和日租界,其贸易与市场进一步打开。至此,汉口历史风貌区逐步形成。

二、大江金岸,风貌初成

中日甲午战争以后,中日签订《马关条约》,割地赔款,不仅台湾、澎湖列岛被割让,连辽东半岛也在割让之列。德、俄、法等国考虑到本国在华利益,也不愿意看到日本在中国做大,因此联合起来,出面干涉,向日本施压,促使归还辽东半岛。日本被归还,改以清政府赔款白银3000万两做补偿。

1895年9月,德国便借口迫日还辽有功,向清政府总理衙门索取天津、汉口作为租界,清政府被迫答应。1895年10月3日,汉黄德道江汉关监督与德国驻上海总领事施妥博在汉口签订《汉口租界合同》,规定在汉口堡通济门外,自沿江官地起李家冢止(即今一元路至六合路附近一线,长江江边是中山大道),共占地600亩,永租于德国。

1896年6月,俄国与法国外交官同时与湖北汉黄德江汉关监督签订《汉口俄租界条约》和《汉口法租界条约》。他们选择在汉口堡内,英租界以下,德租界以上的空地作为租界。俄、法分地的原则是为城内(汉口堡)俄占2/3,法占1/3,江岸线俄占2/3,法占1/3。从合作路至通济门(今一元路)形状并不规则,俄租界呈L形,法租界呈T形。俄租界紧贴英租界,法租界在俄租界下。

1898年7月,湖北按察使汉黄德道江汉关监督和日本上海总领事签订《汉口日本专管租界条款》,划定汉口镇德租界北首起,东界沿长江100丈,东起江岸,西至铁路道地界为止作为日租界区域。

三、汉口历史风貌区建筑的特点

由于汉口历史风貌区有5个国家的租界，15个国家的领事馆（其中瑞典领事馆后搬迁到武昌昙华林），不同国家的文化在汉口交汇，也带来了不同风格的建筑。古希腊风格、古罗马风格、拜占庭风格、巴洛克风格、洛可可风格、哥特式风格、文艺复兴风格……无论是银行还是洋行（图3-5、图3-6），无论是海关还是教堂（图3-7、图3-8），无论是学校还是医院（图3-9、图3-10），无论是领（事）馆还是饭店（图3-11、图3-12），无不彰显着世界各国建筑的烙印。

图3-5　汇丰银行

图3-6　宝顺洋行

图3-7　江汉关

图3-8　天主教上海路汉口堂

以外国银行为例，1861—1911年，外国银行在汉口达11家。到20世纪20年代初，外国银行达20多家且在中国享有发钞权。先后有英国的汇丰银行和麦加利银行、美国的花旗银行、俄罗斯的华俄道胜银行、法国的东方汇理银行、日本的横滨

图3-9　圣若瑟女子中学

图3-10　汉口慈善会

图3-11　美国领事馆

图3-12　德明饭店

正金银行等13家银行在汉发行银圆券和银票，总额约1亿元，流通于整个华中地区。外商银行还左右武汉的外汇行情，当时在武汉所有的中外银行和商行都以英国汇丰银行汉口分行挂牌行情为准。

　　除了外国银行以外，洋行也是汉口开埠后外国资本在租界内进行投资和贸易的主要组织形式。洋行与银行不同，银行以货币为媒介，洋行则以商品为媒介，以现代人的观点看，洋行有点类似于今天的外贸公司。18世纪60年代洋行兴起于散商贸易❶，其业务范围非常广泛，包括进出口贸易、进出口加工、包装、交通运输、仓储、银行、保险、房地产等。比较知名的洋行有英商怡和洋行、英商宝顺洋行，美商旗昌洋行、俄商阜昌洋行，法商立兴洋行、德商美最时洋行、日商日清洋行

---

❶ 指在清朝时期，广州英国东印度公司以外的所谓"自由"商人进行的贸易活动，这些商人被称为散商，与东印度公司形成的贸易垄断形成对比。

等。据统计，从汉口开埠到1945年全部租界收回为止，外国人在武汉先后开设过300多家洋行和工厂❶。

伴随着外国银行与外国洋行的到来，汉口的外贸交易量猛增，与上海、天津、广州并列全国四大港口。到了20世纪初期，汉口对外贸易总额一度跃居全国第二位，排在上海之后，逐步形成了"驾乎津门，直追沪上"的盛景。

第四节
✤ 张公堤的兴建

一、汉口堤防的发展

早期的汉口为一片泽国，满滩芦花。江岸辖区的所在地，民间习惯称为后湖。江岸从泽国中涸出，孕育于汉口三次筑堤。

学者杨锋曾指出，"汉口的发展史与三次筑堤（城堡）紧密相关"。他将这些工程比喻为汉口发展的"三部曲"。汉口如今有这么大的格局，以及江岸的逐步形成与这三大工程密不可分。

（一）1635年修建的袁公堤

由于地势较高和濒临汉江，汉口的市场和民居一开始就选建在今硚口区汉正街一带。到了明末崇祯八年（1635年），为了确保新兴城镇免遭水患，汉阳通判袁焻主持修堤，上自硚口，下至堤口（今民权路王家巷），人称"袁公堤"。

堤内人口不断增加，至清嘉庆十九年（1814年）已达129183人。当时有位范锴写了《汉口丛谈》，内述"市场精华，多集中于汉口沿岸。"而他当时对今江岸

---

❶ 数据来源：武汉地方志数字方志馆。

区所辖范围的描述则是"夏秋水涨,名潇湘河;春涸草生,名黄花地"。

同时,因筑堤取土,堤外挖出两丈宽、十里长的沿堤壕沟,因形似玉带,取名玉带河。汉江由硚口引进,从堤口流入长江。春夏水涨时,河中可通行小船。沿岸架有石桥、木桥30余座,均可通往后湖黄花地。

(二)1864年修建的汉口堡

清同治三年(1864年),由于不断扩张的市场和剧增的人口,袁公堤内的土地已显得捉襟见肘,汉阳知府钟谦钧、县令孙福海与汉口绅商胡兆春等协议,筹集商款,筑汉口堡。上自硚口,下至沙包(今一元路),长约6.6公里。城堡用红石、木桩、黄土堆砌成,城外又挖了护城河,既能防水,也能防匪(如捻军)。汉口市场已由沿河的汉正街,延伸至沿江的黄陂街了。

今江岸区江汉路至一元路、中山大道至江边地段,被"纳入"汉口堡。汉口堡辟城门8个,具体为玉带门、居仁门、由义门、循礼门、大智门、通济门及两个便门。汉口堡建成后,原来的袁公堤失去了作用,被铲平改建为街,即今长堤街。

光绪十四年(1888年),汉口堡内共有居民180980人。19世纪初,汉口已是"千樯万船之所归,货宝奇珍之所聚"之地。进入19世纪下半叶,1861年开为通商口岸,1864年汉口堡的兴建,以及1899年升格为夏口厅,汉口不再隶属汉阳县,而直属汉阳府。此外,从1861年开始,英、德、俄、法、日五国又先后在汉口建立租界。这些都促成了汉口堡内的经济繁荣与地位提升。

(三)1905年修建的张公堤

张公堤,本名后湖长堤,因张之洞主持修建,老百姓感其深仁厚泽,故改称张公堤。工程于1905年开工,由洋工程师设计,耗银百余万两,次年竣工。堤长23.76公里,东起堤角,西至舵落口,将后湖十余万低洼地涸出,新增土地面积为原汉口堡的七倍。堤面宽6.67～10米(2～3丈),底宽20～26.67米(6～8丈),是汉口后方的防水屏障。它与沿江干堤、汉江河堤连接,形成全长52.72公里的汉口堤防。

二、京汉铁路的建成

光绪十五年（1889年），由于湖广总督张之洞多年力争，清廷终于同意兴修铁路，且"先修芦汉"。1895年开始测量，随即南北同时开工，并向比利时银行团贷款。1898年5月，玉带门至滠口间23.5公里通车。1901年通广水，1902年通信阳。1903年修建大智门车站（图3-13），1905年交付使用。1904年达郑州。1905年11月13日，黄河大桥通车。1905年12月20日，玉带门至北京正阳门1214.49公里铺轨完毕。1906年4月1日，京汉（原名芦汉）铁路全线通车。

铁路建成后，汉口商品流通量陡增1/4以上，带动了商业、内外贸、水陆联运、城建、工业的发展，土地也跟着升值。正如《夏口县志》所写，"后湖筑堤，芦汉通轨，形势一年一变，环镇寸土寸金"。铁路在汉口境内共有4个车站，即玉带门、

图3-13 汉口大智门火车站

循礼门、大智门、刘家庙（后改江岸），其中有3个在今江岸区内。后来循礼门、大智门两车站合并，前者专营货运，后者专营客运。大智门车站及车站路一带，人流日夜不息，灯火通明，热闹非凡。使该地带之商业、服务业、娱乐业得以迅猛发展。江岸区的许多历史、掌故，与此密切关联。

三、后城马路的兴建

张公堤的建成，使今日的硚口、江汉、江岸3个区当时都增加了土地面积，而江岸区则扩大了数十倍，是最大的受益者。张公堤建成后，汉口堡的城墙成了累赘。1907年，决定将之拆除，平为街道。长江汉江在前，后湖在后，它是城的后面，市民称之为后城马路，这条马路是今天中山大道之前身（图3-14、图3-15）。

图3-14　中山大道日景　　　　　　　图3-15　中山大道夜景

四、汉口城区的扩大

后城马路修好之后，中山大道的两边开始繁华起来，租界的主权也渐渐地回到了我们自己手中。1917年，在第一次世界大战中德意志战败，率先归还租界；1917年，俄国的十月革命爆发，但实际是1924年俄租界才被收回；1927年，"一三"事件收回英租界，1943年，收回法租界；1945年，收回日租界。租界收回以后，华人在租界及租界的外围地位不断提升。

辛亥革命之后，孙中山先生提出在汉口要建立模范区。伴随着模范区的修建，汉口金融机构的内资银行增加，当时著名的南三行（上海商业储蓄银行、浙江兴业银行、浙江实业银行），北四行（金城银行、大陆银行、盐业银行、中南银行）、大孚银行、中国国货银行、中国实业银行等都在汉口建立或建立分支机构。

一方面从市场的角度看，汉口的华人数量不断增加，另一方面从居住的角度看，里份❶也逐渐地发展起来。著名的如泰兴里、同兴里、江汉村、洞庭村、汉润里等，数不胜数。中山大道的两旁开始繁荣，京汉铁路的沿线也随之而兴起。顺着京汉铁路有一条街——顺道街；河南人居住的地方有很多棚子，叫作河南棚子；从铁路底下穿过去，有单洞、有双洞，所以有单洞门、双洞门的说法；铁路有一定的坡度，于是有了滑坡街、滑坡路。伴随着张公堤的修建及铁路的发展，汉口的城区也不断

---

❶ 里份是老武汉独特的民居形式，也是极具代表性的建筑群落。

扩大，沿江大道、中山大道、京汉大道、解放大道、建设大道、发展大道……汉口的发展不断向外扩张。

五百年前一荒洲，五百年后楼外楼，汉口经历了沧海桑田的变迁（图3-16、图3-17）。

图3-16　汉口夜景

图3-17　汉口日景

第五节
南洋大楼与简氏兄弟

汉口中山大道，紧邻民众乐园，有一栋看起来有些气派的大楼，这就是曾经的武汉国民政府旧址，也称南洋大楼。

一、南洋大楼简介

南洋大楼，是一座具有历史意义的建筑物，由南洋兄弟烟草股份有限公司的创办人、爱国华侨和实业家简照南、简玉阶兄弟投资建造。该楼始建于1917年，1921年竣工。整个大楼占地面积约1000平方米，共有5层，大楼外墙为36～60厘米厚的砖墙，系水泥钢筋结构，正面为洗麻石粉面，十分坚固，楼顶建有回廊、圆顶、拱门、钟楼造型和阳台，富有欧式建筑风格（图3-18、图3-19）。

图3-18　南洋大楼日景　　　　　　图3-19　南洋大楼夜景

1926年9月，北伐军占领了汉口。同年12月，因简氏兄弟与孙中山先生交好，南洋大楼成为当时武汉国民政府的办公地点。

二、简氏兄弟其人其事

在近代中国民族卷烟工业史上，规模最大、实力最强、最有影响力的企业，非南洋兄弟烟草公司莫属，它的创办人是曾被称为"烟草大王"的简氏兄弟简照南和简玉阶。

19世纪末的中国，内忧外患，民族工业尚处于初创起步阶段。简氏家族身处中国最早"开眼看世界"的第一大侨乡广东，"南洋"华侨的助力是简照南、简玉阶兄弟创业和发迹的主要依靠。简照南早年帮助在越南经商的叔父简铭石打理生意，后经营瓷器，独立在日本打拼出第一桶金。此后兄弟二人又将生意做到了泰国，开办了百货公司和轮船公司。

1905年，简氏兄弟在越南华侨和简氏族人的支持下，于香港成立"广东南洋烟草公司"，因发展势头良好，为英美烟草公司所不容，被迫停产。1909年，简氏兄弟卷土重来，新成立广东南洋兄弟烟草公司，新成立的公司加入"兄弟"二字，隐含"兄弟同心，其利断金"的意味，也无形中表露出与外烟抗衡到底的雄心。

1920年，英美烟草公司与有关部门勾结后规定，汉口新市场（即现在的民众乐园）只许卖英美烟草公司的卷烟，不许卖国产卷烟。为回应英美烟草公司，简氏兄弟于1921年建成南洋大楼，大楼古朴夺目，富丽雄伟，正好矗立于新市场门前，挡住并压倒新市场，表现了民族企业凛然抗争的意志。后来南洋大楼成为南洋兄弟烟草公司的办公大楼，同时也是南洋公司在武汉销售烟厂存货的基地和营销中心，成为民族资本对抗外国资本的生力军之一。

三、旧楼今貌新观

光阴荏苒，岁月如梭，1986年，南洋大楼辟为"武汉国民政府旧址纪念馆"，进行大修并恢复当年原貌，于1989年元旦对外开放。1996年11月20日，该馆被国务院公布为全国重点文物保护单位。回顾历史，南洋大楼是华商与外商抗争的缩影，也体现了武汉工商业人士的民族气节。

第六节
✧ 解放公园与西商跑马场

提起解放公园，对于生活在汉口，尤其是江岸的人来说可谓是无人不知，无人不晓。然而解放公园从何而来，有着怎样的前世今生，对今天的武汉又有怎样的意义，本节将沿着这一问题而展开。

一、解放公园的前世今生

解放公园位于武汉市汉口西北角，南边是解放公园路，北边是永清小路，东边是解放大道，西边挨着武汉市委。解放公园始建于1952年，是武汉市大型公园之一。公园占地面积为46万平方米（其中水面7.6万平方米），仅次于马鞍山森林公园和武汉动物园，拥有植物种类410余种，绿地率高达85%（图3-20）。

解放公园的整体风格属于现代园林，最早的风格为西方规则式布局❶，由园林设计师余树勋设计（图3-21）。

说起解放公园，人们通常会不自觉地问一个问题，"解放"二字从何而来？其实武汉市的很多地名，都是有渊源的。比如说水果湖，那里是东湖的水口，一开始叫水口湖，叫得多了，取谐音慢慢便由水口湖变成了水果湖。有个地方叫作积玉桥，那里原来是武昌城的北门，门外有一座桥，桥底下有很多鲫鱼，"鲫鱼桥，鲫鱼桥"，慢慢地取谐音便成了积玉桥❷。相似的情况还有六角亭与三层楼，一个是因为附近有一个六角的亭子，另一个则是因为附近有一个显著的三层楼，因此而得现名。同理，解放公园于1955年5月16日建成开放，时为武汉解放六周年，故名为"解放公园"。然而，从更久远的历史来看，解放公园前身其实是英、法、俄、德、日、比六国洋商跑马场，俗称西商跑马场。

图3-20 解放公园总览

图3-21 解放公园步月塔

二、西商跑马场的沧桑往事

20世纪初，因汉口大智门火车站的修建，法国人借机将法租界向汉口西北端

---

❶ 一种设计方法，其特点是利用几何线条和图形，如直线、折线、圆、方形和长方形等，以院子中轴线为中心，进行对称式布置。这种布局采用的是几何构图的形式，强调轴线对称、线条刚直硬朗，具有明显的人工痕迹。大多数西式园林通常采用这种形式。
❷ 另因这座桥是通过铜元局的必经之路，取"堆金积玉"之意，取名积玉桥。

进行拓展，引来了英国的效仿。因此，怡和洋行大班英国人杜百里找到当时的汉口地皮大王刘歆生，以很低的价格从他手中买到一块位于汉口西北端（今解放公园）的800亩荒地，打算用来作为跑马场。

跑马，又叫赛马，是一项流行于欧美国家的体育运动。其中，英国的跑马运动最为发达，甚至发展为一个历史悠久、规模庞大、参与者众多的行业。英国人在汉口生活经年，远离了本土，日子过得很是乏味，希望建一个跑马场，丰富业余生活。

很快，英国人的跑马场修好了。不过，那时候汉口经常遭到洪涝灾害侵袭，跑马场这一带每年大部分时间都浸泡在水里。只有当水退后露出地面时，才能够作为跑马、练马之用。

1905年，张之洞耗费巨大财力、物力修建的"张公堤"竣工，汉口终于摆脱了洪涝灾害的侵袭。英国人随即正式修建了一个西商跑马场，同时成立"汉口西商赛马体育会"。在英国人的倡议下，法国人、德国人、俄国人、美国人、日本人相继加入"汉口西商赛马体育会"，成为会员，因此，西商赛马体育会，也称"六国赛马体育会"。

跑马场的跑马道长约1600米，宽约30米，沿途竖有里程标杆，作为正式赛马场所（图3-22）。每年春季和秋季，跑马场各举行1次赛马，每次赛马约7天（图3-23）。春赛赛事较为频繁，每天能赛10余场，秋赛赛事较少，每天只有几

图3-22 汉口西商跑马场看台

图3-23 汉口西商跑马场比赛瞬间

场。每次到了赛马的季节,均有成千上万武汉人购买马票和彩票,一赌运气。

三、华洋对抗的历史瞬间

武汉人虽然热爱赛马,洋人在汉口修建的跑马场,主要提供给外国人使用,对中国人颇为歧视,限制甚至禁止中国人进入。英国人在跑马场外面修建了一条长约500米、宽20米的柏油马路,不允许中国人在这条柏油马路上行走、逗留。此外,中国人虽然被允许买票进入跑马场,但只能坐在偏僻的看台上,不能进入赛马决胜终点处的小型看台——这个看台为"汉口西商赛马体育会"会员专用。

有一次,良济洋行买办张永璋前往西商跑马场时,打算从正门进入,不料被印度守卫拦住,争执间又被印度守卫踢了一脚。张永璋也算是汉口工商界的头面人物,连英国人对他也是客客气气的,何时受过这样的羞辱?他心中生气,于是便找到了当时的汉口商会。商会的大佬们听后气愤得不行,地皮大王刘歆生、长江流域第一买办刘子敬、汉口总商会的会长周星棠等人商议修建一个中国人自己的跑马场的想法。

要修跑马场,首先得有一块地盘。刘歆生是地皮大王,在汉口囤积了几十平方公里的土地,修跑马场的地盘对他来说是九牛一毛。1906年,刘歆生拿出位于今天航空路、万松园路一带的大块地盘,大约有33000平方米,作为股本,联合汉口商会共计35人筹措资金，模仿"汉口西商赛马体育会"的做法，建起一个"汉口华商赛马公会"，人们通常称为华商跑马场（图3-24）。

图3-24　华商跑马场瞬间

华商跑马场挨着西商赛马场不远，采取与西商赛马场一样的模式，规模更大，对所有人开放，不区分国籍，而且实行免费观看，不收门票。所以，华商跑马场投入营业后，广受欢迎，前来观看赛马的人络绎不绝，一时之间十分红火。

四、武汉赛马的昨天、今天与明天

旧汉口的跑马场始于1905年，终于1949年。1949年新中国成立之后，西商赛马场回归中国人民，华商跑马场、万国跑马场自行关闭。这是一个时代的中点，而不是终点。2000年之后，武汉的赛马浴火重生。2003年东方马城在武汉的金银湖正式投入使用，它是华东地区唯一的国际标准赛马场（图3-25）。2008年武汉商学院创办了全国高校首个赛马产业管理专业方向。2009年在此基础之上，又建了全国第一所马术学院。2010年开始成立了第一个赛马经济研究所，赛马从现实走向了理论，武汉的赛马迎来了又一个新的春天。

图3-25　武汉东方马城

第七节
✤ 宋炜臣与水塔的故事

本节重点介绍武汉的水电形成，具体会从旧汉口的电与水讲起，介绍工商名人宋炜臣、汉口既济水电公司的兴办史及汉口水塔的兴建。

一、旧汉口的电与水

武汉三镇是全国内地最早用电的城市之一，1889年张之洞开始筹办的钢铁、纺织、兵工厂及铁路、营盘、军事学堂等都相继用电，1890年建厂，1892年开机的湖北织布局有电灯1140盏，汉冶萍公司汉阳铁厂用电规模更大，除轧钢外，生产部分均用电力。不过以上电力设施均为工业生产及官属办公所用。

武汉三镇之电用于人们的日常生活领域，始于汉口租界1861年，汉口开埠后不久，便由英商集资创立了"汉口电灯公司"（今湖北省电力博物馆，图3-26、图3-27），专供英租界内用电，1896年新辟的法、俄两国租界亦由其供电。德租界则由美最时洋行附设的电厂发电。日本租界由日商投资万元设立大正电器株式会社，自备发电机供电。以上3个发电厂的发电能力可供汉口各租界内1万盏电灯之用。

虽然租界有电力设施，但租界建立初期的外国人也不得不使用长江浊水。不过他们所用饮用水，都经过投以明矾沉淀杂质及采用精巧的滤水器过滤后再使用，虽然还算卫生，但用水很不方便。至于华界武汉市民，用水则极不卫生，个别人甚至饮用没有投明矾的自然水。此外，为了生活用水，汉口每天下河挑水者川流不息，街头还出现了一批专门的卖水者，挑水的人穿梭于大街小巷，所过之处，日无干地。毫无疑问，生活用水已成为人口剧增的汉口面临的一个十分紧迫的问题。

其实，1896年起，汉口商人就多次有人申请筹办公用水电事业，均因股东不足或暗掺洋股而为督府所不准。其间，亦有英法商人企图染指，均被湖广总督张之洞婉言谢绝。国之根本，不可掌于外人之手。

图3-26 湖北省电力博物馆内门　　图3-27 湖北省电力博物馆外门

二、宋炜臣其人其事

宋炜臣，1866年出生，字渭润，浙江宁波镇海人。1889年，协助宁波富商叶澄衷在上海创办燮昌火柴厂，先后任副经理、经理六年，总揽全厂大权。1896年，携巨资25万两白银来汉谋求发展，在歆生路（今江汉路）开设华胜呢绒军装皮件号，结识张之洞等要人。先后创办汉口燮昌火柴厂、汉口扬子机器厂、汉口炽昌硝碱制造公司、《汉口日报》以及汉镇既济水电股份有限公司,并以重金捐得候补道衔,亦官亦商。

从1907年起,宋炜臣连任汉口商务总分长,被誉为"汉口头号商人"。同时因与张之洞等政商名流交好,也被张之洞称为"有为之士"。

三、汉口既济水电公司的兴办史

1906年,宁波商人宋炜臣联合湖北、江西两帮巨商11人,发起筹办水电公司,取"水火既济"之意,定名为"商办汉镇既济水电股份有限公司",宋炜臣自任公司经理。宋炜臣与张之洞素来交好且实力雄厚,张之洞特拨款30万元相助,并特许技术专利,规定汉口地区除租界外不得另设电气灯、煤油汽灯、自来水公司。

既济水电公司下设电气灯厂和自来水厂,由英籍工程师穆尔负责工程设计,于1906年8月同时开工。电气灯厂设于大王庙,1908年建成送电。当年沪京穗汉四个大城市的民营电厂中继器规模首屈一指。自来水厂设于汉口宗关,1909年竣工供水,日供水500万加仑。值得一提的是,汉口租界亦完全依赖该厂供水,实为中国人引以为豪之举。

自来水出现后,不仅使汉口大批市民喝上清洁卫生的饮用水,还有利于城市消防,各处布设消防员及太平池,一旦火警发生,各处水龙可以闻声驰救。

时至今日,大王庙电厂已经不复存在,宗关水厂却依然存在。如今武汉的自来水有相当一部分便是从该水厂净化而来。

四、汉口水塔的建成之路

除宗关水厂和大王庙电厂,为解决城市供水范围较大的问题,汉镇既济水电公司还在中山大道与江汉五路交会处修建汉口水塔。水塔在1908年开工,1909年建成,塔身高41.32米(图3-28)。在随后的近70年间,汉口水塔始终是武汉最高的建筑,直到1984年汉阳晴川饭店的建成,才取代了这一地位,成为武汉第一高楼。

图3-28　汉口既济水电公司水塔

虽然水塔的主要功能是自来水的中转站，但是水塔对于武汉而言还有一个额外的功能——消防。水塔有7层，顶层有瞭望台，上面有1000斤的铜铸的警钟，需派4个人日夜值守，如果遇到火警，白天悬红旗，晚上亮红灯，先乱钟30下，随后钟鸣数代表不同位置。钟鸣一响，失火地区为洋火场至华景街，二响为歆生路，三响为花楼街到堤口，四响为堤口到四官殿，五响为四官殿到沈家庙，六响为沈家庙到大王庙，七响为大王庙到五显庙，八响为五显庙至仁义司，九响为仁义司至硚口。钟响过后，救火队伍闻声而至。

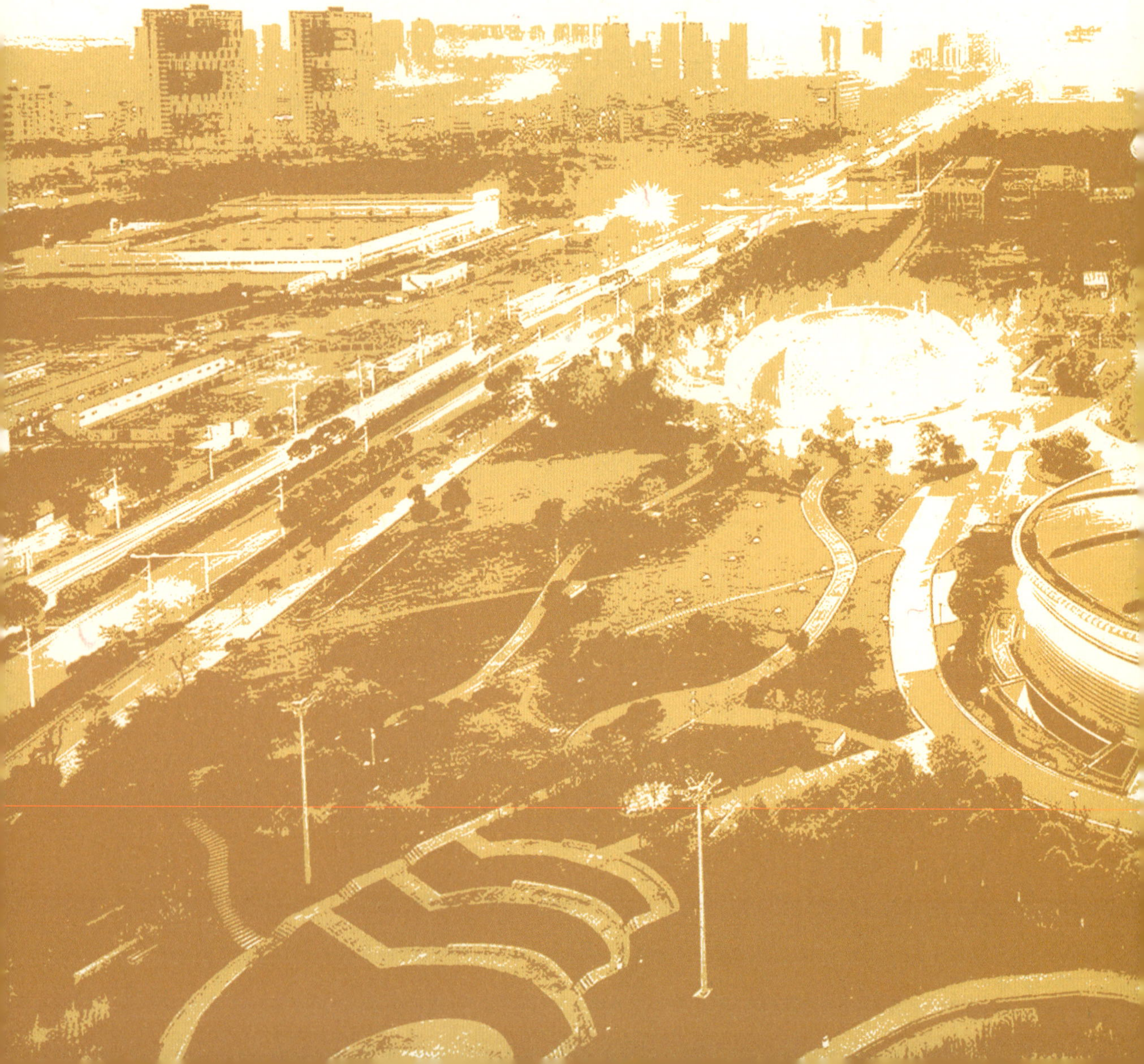

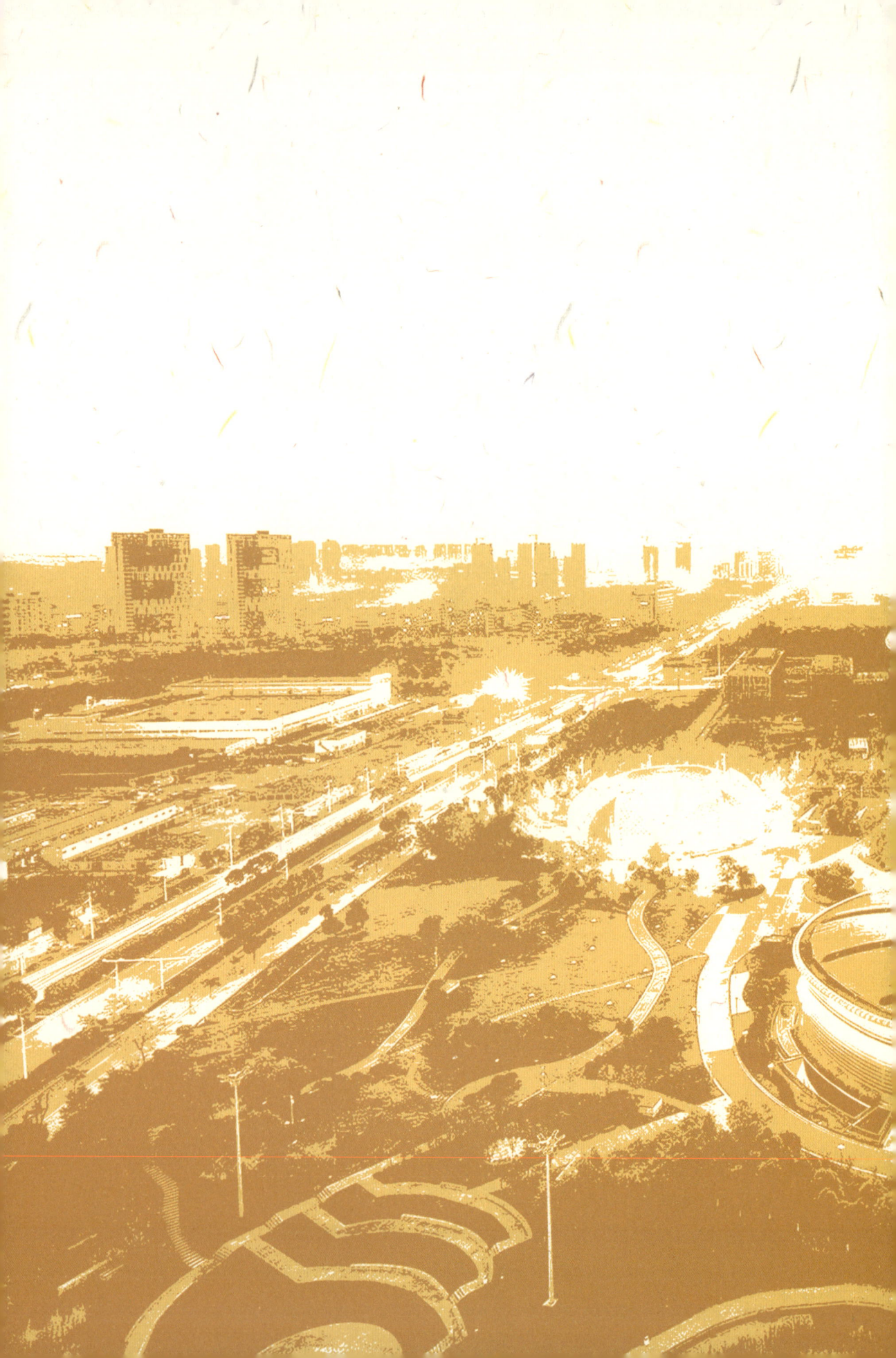

第四章

黄鹄矶前思武昌

第一节

武昌城的变迁

一、武昌城的概念

在说这个概念之前，我们首先得明确两个概念。一是最早的武昌在今鄂州市。东吴黄初二年（221年），孙权为西防刘备东进，北御曹操南侵，将都城从建业（今南京）迁移到今天的湖北省鄂州市鄂城区，取"都武而昌"之意，取名为"武昌"。二是与武昌（今武汉江南地区）相关的4个相似又不同的名称，即武昌、武昌区、武昌县和武昌城。

首先是武昌。武昌是"武汉三镇"之一，位于长江南岸，与汉口、汉阳隔江相望。长江、汉江纵横交汇通过武汉市区，形成武昌、汉口、汉阳三镇鼎立的格局，通称"武汉三镇"。武汉人习惯将武汉市长江以南的市区部分统称武昌，包括武昌区、青山区、洪山区。

其次是武昌区。武昌区隶属于湖北省武汉市。位于武汉市东南部，长江南岸，与汉阳区、汉口隔江相望，北至余家头罗家港与青山区毗邻，东南与洪山区接壤，西临长江，总面积107.76平方公里。截至2022年10月，武昌区下辖15个街道。截至2022年末，武昌区常住人口127.05万人。2022年，武昌区实现地区生产总值1772.02亿元，其中，第二产业增加值198.24亿元，第三产业增加值1573.77亿元。

再次是武昌县。武昌县是湖北省武汉市江夏区旧称（1995年3月，撤销武昌县，设立武汉市江夏区），位于武汉市南部，北与洪山区相连，南与咸宁市咸安区、嘉鱼县接壤，东邻鄂州市、黄石市大冶市，西与蔡甸区、汉南区隔江相望，总面积2009平方公里。截至2022年10月，江夏区下辖15个街道，另设有4个产业园、

1个风景区。截至2021年末，江夏区常住人口105.5万人。2022年，江夏区实现地区生产总值1080.76亿元。

最后是武昌城。武昌城则有广义与狭义之分。广义的武昌城，指的是武昌古城，是一个动态的概念，包括三国夏口城、南朝郢州城、隋唐鄂州城与明清武昌城，这些城一方面城墙高耸，另一方面地位突出。而狭义的武昌城指的是明清两代的武昌城，今天我们说的大东门、小东门、平湖门，指的就是狭义的武昌城过去的城门所在地。

为了让读者更好地理解课程内容，以下将用武昌古城代指广义的武昌城，武昌城代指狭义的武昌城。

二、武昌古城的沿革

上文曾经提到，武昌古城是一个动态概念，主要分为四个阶段，即夏口城、郢州城、鄂州城、武昌城。

（一）三国夏口城（223—454年，存世231年）

东吴黄武二年（223年），孙权在蛇山东北部筑夏口城，夯土筑城，方圆二三里。夏口城为武汉第一座有明确纪年的古城，它是一座军事堡垒，在黄鹄矶上建有塔楼，是魏、蜀、吴三国争战之战略要地。

晋太康元年（280年），晋武帝将沙羡县县治从涂口（今金口）移到夏口城，夏口城即成为县级政治中心。

东晋义熙年间（405—418年），北府将领刘裕将江夏郡郡治由沌阳城移至夏口城，夏口城成为郡级政治中心。

（二）南朝郢州城（454—589年，存世135年）

刘宋孝建元年（454年），南朝宋孝武帝刘骏为分荆楚而设郢州，设州治于夏口城，夏口城成为州级政治中心。与此同时，夏口城又有郢城之称。

刘宋时城垣范围尚未扩大。大概在齐梁时期，在夏口城的基础上城垣进行了修葺和扩建，将夏口城作为内城，外面扩建外城。但当时的城垣都是由夯土垒起来的，尚无砖城。

（三）隋唐鄂州城（589—1371年，存世782年）

隋开皇九年（589年），隋文帝统一中国，改郢州称鄂州，下设江夏县，至此今武昌有了江夏这一地名。

唐宝历元年（825年），鄂州刺史、武昌军节度使、鄂岳观察使牛僧孺奏请并汉阳、汉川于鄂州，同时花5年时间，建鄂州城，将武昌古城城区较大规模地扩建，在原夏口城基础上向北、东、南三面扩展，北临沙湖，东至小龟山，南抵紫阳湖，西达蛇山西端，同时，将原来的土城改建为砖城。

北宋皇祐初年（1049年），鄂州知州李尧俞重修鄂州城池，鄂州城扩大到原夏口城的两倍，城垣15里。

元至元十八年（1281年），湖广行省治所由潭州（今长沙）迁至鄂州，鄂州城成为省级政治中心。

元大德五年（1301年），改鄂州路为武昌路。自此，武汉的江南地区正式有了武昌这个地名。

（四）明清武昌城（1371—1927年，存世556年）

明朱元璋立第六子朱桢为楚王，驻藩武昌，武昌城成为王城所在地。明洪武四年（1371年），明朝开国功臣、江夏侯周德兴增拓武昌府城，他按"王城"的规模和形制，花10年工夫，将唐宋以来的鄂州城增拓改建成了一座全砖石结构的大型城池。

明改湖广行省为湖广布政司，改武昌路为武昌府，辖江夏县。湖广布政司、武昌府及江夏县的治所均设于武昌城，故武昌城又称"湖广会城"。

1926年北伐战争，武昌城被围困40余天。当北伐军攻下武昌城后，10月19日，湖北省政务委员会开会，鉴于围攻武昌城战役牺牲惨烈，多人提议拆除武昌城垣，于10月下旬作出拆除武昌城垣的决定。从1371年周德兴增拓武昌府城以来，武昌城共存世556年。

从往昔的鄂州到昨天的江夏，再到今天的武昌；从土城到砖城，再到砖石城；从夏口城到郢州城、鄂州城，再到武昌城；从县治到郡治、州治、省治，再到王城所在，1800年的武昌古城经历了历史的硝烟，岁月的变迁，时代的洗礼，无论是都武而昌还是以武而昌，如今的武昌高楼林立，人头攒动，在敢为人先的大武汉映衬下，因武必昌。

三、明清武昌城九门的来历

明代初年，武昌城衙门众多，既有高于省级的总督衙门，又有省级的三司衙门，还有武昌府级、江夏县级的官署，同时楚王朱桢就藩于此。俗称为"湖广会城"。作为"湖广会城"，武昌城在明代初年就有较大规模的拓展和建设。

1371年，江夏侯周德兴监修武昌城，在鄂州旧城的基础上向东、西、南做了扩建。城区范围东自双峰山长春观以西，西至黄鹄矶，南起鲇鱼套口，周长20华里。城墙全部为陶砖结构共开九门。东有大东门、小东门，西有平湖门、汉阳门、竹簰门，南有新南门、保安门，望泽门、北有草埠门。武昌城在明清时期曾多次维修，但城市的规模在明初洪武年间修建城墙时就已定型。此后武昌城改建，所动的只是城门名称。

明嘉靖十四年（1535年）湖广巡抚、都御史顾璘重修武昌城，改大东门为宾阳门，小东门为忠孝门，竹簰门为文昌门，新南门为中和门，望泽门为望山门，草埠门为武胜门。

（一）宾阳门（大东门）

位于武昌古城正东，蛇山东端南侧，建于明洪武四年（1371年），建城之初取"东方向阳"之意叫"大东门"。后顾璘取"迎宾日出"之意，将"大东门"改为"宾阳门"（图4-1）。

图 4-1　民国时期的宾阳门

（二）忠孝门（小东门）

位于宾阳门以北约 900 米，明武昌城建城之初，因较宾阳门略小，取名"小东门"。其遗址在今忠孝门街中段。因城外双峰山有一座忠孝祠❶，顾璘以"善事父母为孝""精忠报国为忠"之意，改"小东门"为"忠孝门"（图 4-2）。

图 4-2　民国时期的忠孝门

---

❶ 南宋时，为祭祀"哭竹生笋"的东汉孝子孟宗（《二十四孝》第十七孝：哭竹生笋），名将孟珙在此处修建"孟宗祠"。1170 年，宋孝宗为已平反昭雪的岳飞在鄂建庙，并赐名"忠烈庙"。1498 年，巡按御使王恩将岳飞与孟宗一庙同祀，并题匾额"忠孝祠"。

(三)武胜门

武胜门是武昌古城北唯一的一座城门,位于凤凰山和螃蟹岬两山之间、得胜桥与积玉桥衔接处。昔日城门外是沙湖码头,湖中盛产莲藕、鲫鱼,取名"草埠门"。

顾璘在更改城门名时,取"武将疆场奏迹,得胜回朝而后凯旋"之义,改"草埠门"为"武胜门",寄寓"武烈宜扬""因武而昌,得胜之地"之意。它与"文昌门"南北对应,呈"文昌武胜"之势,意蕴"文治武安,江山永固"。

在城门内侧、今得胜桥街与马道门交接处,有一条进出战马的专用通道,可直接通往城墙,被称为"马道",是九座城门中唯一能骑马上城的地方。清末,马匹进出的道路成为居民区的通行道,名"马道门"。

(四)汉阳门

位于武昌古城西、今民主路与临江大道交汇处,南依黄鹤楼。汉阳门是武昌古城最早的一座城门,隔江与汉阳铁门关遥相呼应,因而取名"汉阳门"。这里历来是武昌通往汉阳、汉口的水陆交通要道。

(五)平湖门

位于武昌古城西、今大成路与临江大道交汇处,外临长江,内傍宁湖,湖畔有拦湖堤,名花堤,即今花堤街。城门旁修有水闸,每逢湖水暴涨时,打开闸门可使湖水通过明月桥下的沟渠汇入长江。遇天旱时则关闸,保持湖水水位。因湖水波平如镜,故名"平湖门"[1]。

(六)文昌门

位于武昌古城西南角、今武昌船舶重工集团有限公司内,靠近长江。明初,此

---

[1] 一说朱元璋平定湖广。

门外沿江一带是竹木材集散地，湖南、江西竹木商人常扎竹木排泊于城门外江边，故初名为"竹簰门"。明代中叶提倡文治，顾璘取"文运昌济""文治而兴"之意，改"竹簰门"为"文昌门"❶。

（七）望山门（望泽门）

位于武昌古城西南角，旧址在今解放路南端横跨巡司河的解放桥附近。明初武昌城扩修时，城门外是刚形成不久的金沙洲和巡司河，城门内靠近教唱湖、歌笛湖，取"登门即见云梦泽"之意而命名"望泽门"。

明嘉靖年间，城内的湖堤也成为街衢。站在城门上可见江夏的赤矶山、汉阳的大军山，于是顾璘取《尚书·舜典》中"望于山川"之意，改名为"望山门"。

（八）保安门

位于武昌古城南，处于中和门和文昌门之间，是南边大门正中间的一个门。古代的军队出征，都是走北边的武胜门出城，取"出武必胜"之意；而回来的时候，则是从南边保安门进城，取"保境安民"之意。这就叫北出"武胜"，南归"保安"，明初周德兴扩修武昌古城时将此门取名"保安门"。

（九）起义门（中和门）

位于武昌古城东南角，明初叫"新南门"。因城门外明仁街上有座祭祀先贤的"明仁堂"，堂内高悬匾书"中正仁和"四个大字，于是顾璘将"新南门"改名为"中和门"。

1911年10月10日晚，湖北新军工程八营革命党人打响反清第一枪。起义军迅速占领楚望台军械库，建立临时指挥部，并打开中和门，迎入驻在城外的新军南湖炮队、马队入城。

起义胜利后，中和门和楚望台被誉为"首义胜利的开端"。为纪念起义志士

---

❶ 一说附近有文昌阁。

的历史功勋，1912年改中和门为"起义门"（图4-3）。

1927年，国民革命军占领武昌城后拆除武昌城，当拆到起义门时，遭到湖北辛亥志士的强烈反对，起义门遂成为武昌古城九门中唯一保留下来的城门。

从1371年周德兴建城到1927年国民政府拆城，存续了556年的武昌城虽然已离我们而去，但城里的记忆还在，城里的人还在，小东门、大东门、平湖门、汉阳门，这些老街、老巷、老地名还在，它们已经深深地镌刻在武昌古城变迁之中，镌刻在了每一个武汉人的心里。

图4-3 起义门

第二节
❋ 黄鹤楼的传说

本节介绍武汉的代表建筑黄鹤楼，具体分为三个部分。首先是黄鹤楼的概况，接着介绍黄鹤楼的故事，最后浅析黄鹤楼的诗篇。

一、黄鹤楼的概况

黄鹤楼，位于湖北省武汉市武昌区，地处蛇山之巅，濒临万里长江，为武汉市地标建筑；始建于东吴黄武二年（223年），历代屡加重修，现存建筑以清代"同治楼"为原型设计，重建于1985年；因唐代诗人崔颢登楼所题《黄鹤楼》一诗而名扬四海。自古有"天下绝景"之美誉，与晴川阁、古琴台并称为"武汉三大名胜"，与湖南岳阳岳阳楼、江西南昌滕王阁并称为"江南三大名楼"，是"武汉十大景"之首、"中国古代四大名楼"之一、"中国十大历史文化名楼"之一，世称"天下江山第一楼"。

黄鹤楼主楼为四边套八边形体、钢筋混凝土框架仿木结构，从第一层开始，整体建筑以向上收缩为主，增强了建筑牢固稳定性；楼通高51.4米，底层边宽30米，顶层边宽18米，飞檐五层，攒尖楼顶，顶覆金色琉璃瓦，由72根圆柱支撑，楼上有60个翘角向外伸展；楼外有铜铸黄鹤造型、胜像宝塔、牌坊、轩廊、亭阁等建筑环绕，具有独特的民族风格（图4-4）。

黄鹤楼始建于223年，吴帝孙权修筑夏口城，于城西南角黄鹄矶建军事楼一座，用于瞭望守戍，即黄鹤楼。最初的黄鹤楼定位于军事功能。到了唐代，军事上的功能减退，才发展成为登临观赏的风景楼，从此黄鹤楼的兴废标志着时代

图4-4 黄鹤楼

世景的盛衰。在1800年的历史长河中，屡毁屡建，屡建屡毁，饱经沧桑，历经磨难。清光绪十年（1884年），清代最后一座黄鹤楼被大火焚为灰烬。1907年，在黄鹤楼旧址建起的奥略楼，被人们误认为是黄鹤楼。1981年黄鹤楼再造，1984年新黄鹤楼竣工。兴废交织越千年的黄鹤楼，自古立黄鹄之矶，控龟蛇对峙，扼江汉咽喉，渊临鹦鹉洲，俯瞰晴川阁，气势雄伟，巍峨壮观。

然而，关于黄鹤楼的得名，有"因仙""因山"两种说法。"因仙"说分两种，一说是曾有仙人驾鹤经此，遂此得名。另一说是曾有道士在此地辛氏酒楼的墙上画了一只会跳舞的黄鹤，店家生意因此大为兴隆；十年后道士重来，用笛声招下黄鹤，乘鹤飞去，辛氏遂出资建楼，称为黄鹤楼。"因山"说则是历代考证认为，黄鹤楼的名字是因为它建在黄鹄山上而取的；古代的"鹄"与"鹤"二字一音之转，

互为通用，故名为"黄鹤楼"。

二、黄鹤楼的故事

黄鹤楼的风景美不胜收，黄鹤楼的故事源远流长。类似故事也有不同版本，这里仅列几个较为知名的故事。

（一）仙人画鹤

从前有位姓辛的人，以卖酒为生。有一天，来了一位身材魁梧，但衣着褴褛的道人（即纯阳帝君吕洞宾祖师），神色从容地问辛氏："可以给我一杯酒喝吗？"辛氏不因对方衣衫褴褛而有所怠慢，急忙盛了一大杯酒奉上。如此过了半年，辛氏并不因为道士付不出酒钱而显露厌倦的神色，依然每天请他喝酒。有一天道士告诉辛氏："我欠了你很多酒钱，没办法还你。"然后从篮子里拿出橘子皮，画了一只鹤在墙上，因为橘皮是黄色的，所画鹤的也呈黄色。座中人只要拍手歌唱，墙上的黄鹤便会随着歌声，合着节拍，翩翩起舞，酒店里的客人看到这种奇妙的事都付钱观赏。如此过了十年多，辛氏累积了很多财富。有一天，那位衣衫褴褛的道士又飘然来到酒店，辛氏上前致谢："我愿意供养您，满足您的一切需求。"道士笑着回答："我哪里是为了这个而来呢？"接着便取出笛子吹了几首曲子，没多久，只见朵朵白云自天空而下，墙上的黄鹤随着白云飞到客人面前，客人便跨上鹤背，乘着白云飞上天去了。辛氏为了感谢及纪念这位道士，便用十年赚下的银两在黄鹄矶上修建了一座楼阁；起初人们称为"辛氏楼"，后来便称为"黄鹤楼"。

（二）飞金翻船

民间相传，清朝中期，湖北省黄陂县有个人当了大官，发了不义之财，养了个败家的儿子。这个少爷武不能摆枪，文不能动笔。他穿厌了绫罗绸缎，吃腻了山珍海味，玩遍了花街柳巷，仍不满足。有一天，他想出了一个新的玩法：叫家奴抬着几箱金叶子，到黄鹤楼去飞金。那天风大，一阵阵的风把楼上撒下的金叶子吹向江面，金光闪亮，就像一群飞舞的蝴蝶。江面上，船只上的人争先恐后地抢落下来的金叶子，乱成一片。有的小船撞翻了，人落了水，别的船还是只顾去抢。乐得少爷哈哈大笑，更加起劲，大把大把地撒金叶子。这时黄鹤楼下有人高声吼道："你们搞什么名堂，黄鹤楼上看翻船，见死不救❶！"败家子少爷在楼上答道："这不怨我，只怪他们要钱不要命。"据说，这就是"黄鹤楼上飞金叶"和"黄鹤楼上看翻船"的来历。

（三）三人比"高"

传说，在某地旅行社一间房里，住着三位旅客，一位来自陕西，一位来自四川，一位来自湖北。一日傍晚，天下小雨，出去游玩，拖泥带水不方便，酒足饭饱之后，三人坐在沙发上嗑着瓜子聊天。说来也巧，三个人都是平时爱说大话的人。陕西人问四川人和湖北人："你们到过我们陕西的西安没有？那里有个大雁塔，端庄大气，古朴典雅，实在是高！俗话说：陕西有个大雁塔，离天只有八尺八。"（大雁塔实际高度64.517米）。四川人不服气，说："那算什么高！还比不上我们四川的峨眉山高。白云缭绕，叠翠重岩。常言道：'四川有个峨眉山，离天不过三尺三。'"（峨眉山海拔3099米）。没等四川人说完，湖北人迫不及待地插话："你们没听说过武汉的黄鹤楼？那可是高耸云天，气压衡岳。我常听老人说：'武汉有个黄鹤楼，半截插进云里头。'"（黄鹤楼高51.4米）。话毕，三人哈哈大笑。

三、黄鹤楼的诗篇

黄鹤楼的故事源远流长，黄鹤楼的诗篇美不胜收（图4-5）。

（一）《与史郎中钦听黄鹤楼上吹笛》（李白）

一为迁客去长沙，

---

❶ 另说"黄鹤楼上看翻船，幸灾乐祸"。

西望长安不见家。

黄鹤楼中吹玉笛,

江城五月落梅花。

唐肃宗乾元元年(758年),李白因永王李璘事件受到牵连,以"附逆"罪名流放夜郎经过武昌、游黄鹤楼时写下此诗。诗人开篇即引贾谊为同调,流露出无辜受害的愤懑,当然也含有自

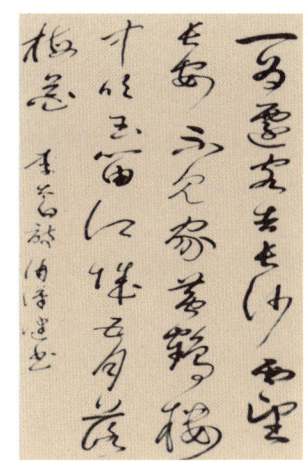

图4-5 黄鹤楼的诗篇

我辩白之意。此时的李白是被贬的罪人,西望长安,那里再也没有家了。

和友人(史钦,官拜郎中)在黄鹤楼上对饮,忽然听到一阵笛声,那笛子吹的是名曲《梅花落》。笛声是那样的凄凉,是如此契合诗人的迁谪之感和去国之情。此时的武汉,正值炎热的仲夏五月,可听到惆怅的笛声,顿感有一股寒意袭来,就像置身于梅花飘落的冬季一般。由曲子名想到真实的梅花,这是由听觉转化成视觉。

诗人运用通感手法,成功地在五月的炎热季节描绘出与去国怀乡的冷落心境相契合的苍凉景色。所以,明李攀龙辑、叶羲昂直解《唐诗直解》评此诗"无限羁情笛里吹来"。

值得一提的是,后来的武汉因为这句诗而别称"江城"。在中国,沿江的城市何其多,唯有"江城"的名号独属武汉,这是诗人李白的创造,也是李白的赐予。

(二)《黄鹤楼》(崔颢)

昔人已乘黄鹤去,此地空余黄鹤楼。

黄鹤一去不复返,白云千载空悠悠。

晴川历历汉阳树,芳草萋萋鹦鹉洲。

日暮乡关何处是?烟波江上使人愁。

此诗为崔颢进士及第后,宦游大江南北时登临黄鹤楼而作。时空的无涯,令这

首诗一开始便气格高雄。前两联写仙人驾鹤而去的故事已经渺不可寻，但高楼伫立江边却是真实的存在，白云之下，天地悠悠，真真假假的人世沧桑就这样横亘在作者与读者的面前。后两联实写黄鹤楼周边的江山胜迹，滚滚长江、汉阳人家、萋萋鹦鹉洲，最终引入游子思念乡关的悠悠之"愁"。全诗舒阔流畅，宛若天成。相传李白游黄鹤楼时读到此诗，不禁感慨道："眼前有景道不得，崔颢题诗在上头。"且为之搁笔，可见这首诗水平之高。所以南宋严羽在《沧浪诗话》中写道："唐人七言律诗，当以崔颢《黄鹤楼》为第一。"王兆鹏更是在其《唐诗排行榜》中用统计数据证明此诗是唐诗中影响力最大的作品之一。

黄鹤楼的诗美、故事传说美、景点美，美不胜收。每个人心中都有属于自己的哈姆雷特，每个人心中都有属于自己的黄鹤楼，只有真正地置身其中，你才能深切体会到属于自己的那份美好。

第三节

❋ 楚望台与楚王寝

楚国不仅是一个空间概念，同时也是一个时间概念。春秋战国时有楚国，汉代有楚国，明代亦有楚国。本节主要介绍的是明代楚国的故事。

一、楚王封地的传说

1364年初，朱元璋进攻陈友谅之子陈理，对方因无力抵抗而投降。同年2月，朱元璋率军来武昌，驻扎在梅亭山麓，在此闻报第六子出生，高兴地说："子长，以楚封之"。六年后，史上便有了楚王朱桢这个名号，流传至今。朱桢再长大一点时，便兴建了一座楚王府。其内遍筑宫殿、宫室、堂库、宗庙、楼阁、水榭、庭院、假山、鱼池与御花园等设施，十分恢宏气派。整个王府坐北朝南，周围垒石为城，也被称为"王城"。

说到这里，不得不说楚王朱桢的眼光非常不错。楚王府位于武昌城中部蛇山南麓，原武昌古城中轴线，东至西厂口（今体育街），西至后长街，南至大朝街（今复兴路），北在今蛇山南后宰门街及其延长线上，四条街围成的矩形也是当年楚王府的宫墙，其规模之大相当于当年的半个武昌城。

1381年，虚岁十八的朱桢在武昌城就藩，当上了楚王府的第一位主人。他坐镇武昌，统兵拱卫京师上游，征讨南方各地，成为镇守湖广的一方雄藩。为表达对父皇的感恩与思念，他在梅亭山顶立了一块明太祖"分封御制碑"，并筑亭于山上，名叫"封建亭"（图4-6）。朱桢站在亭中向东可遥望朱元璋所在的京城——应天府（今南京），故称为"楚望台"（图4-7）。

图4-6 封建亭 　　　　　　　　　　图4-7 楚望台

由于楚王朱桢在武昌就藩，1371年，江夏侯周德兴按照"王城"的规模与形制修建武昌城，同时也奠定了武昌古城的基本格局。武昌城城周10余公里，四面城墙开设九座城门，也就是后世所说的"老九门"。

二、龙泉山的故事

龙泉山，也叫"灵泉山"，位于武昌古城东南方30公里许，三面环水，南面濒临以盛产武昌鱼而名噪海内的梁子湖。龙泉山呈东西走向，两条长约9公里的山脉似两条卧龙环抱着中间一块7.6平方公里的盆地，呈二龙戏珠之势，实是一块山环水绕、风景迤逦的风水宝地。

龙泉山在唐代以前叫"江夏山"，山名的来源要追溯到西汉。汉高祖刘邦夺取天下后，将江夏郡下属的沙羡县（今武昌、江夏、洪山一带）划作舞阳侯樊哙封地，至今武汉洪山区关山一带的樊姓居民据说就是樊家一脉的后裔，而今鄂州城外梁子湖出江口——"樊口"，也是因樊哙而得名。樊哙在世时将龙泉山地区作为孙子樊建的封地，因那时此地属江夏郡管辖，于是将此山称为"江夏山"。樊哙死后其子孙就将他安葬在江夏山的天马峰下，也就是后来楚昭王陵园之处。唐朝初年，江夏山改名为"夹山"，取"两山夹道而行"之义。唐玄宗天宝末年，宰相李蹊在此建造房屋，在开挖地基时凿得两眼泉水，形成东西两井，东井冒气则晴，西井无气则雨，因此人们将此山改称为"灵泉山"。明洪武十四年（1381年），楚昭王朱桢就藩武昌，居住在蛇山之阳的楚王府内。一年后，朱桢到灵泉山避暑，他见此地山环水绕，风光幽美，于是感叹道："惜乃阳宅，若为阴宅极佳。"经他的御用风水师勘察，将此地勘定为"五龙捧圣的吉地仙壤"，并镌刻"龙泉特结许多年，粉黛三千云外悬"的诗碑，将"灵泉山"更名为"龙泉山"（图4-8）。

图4-8 龙泉山

除末代楚王朱华奎外，八代（9位，有一对是兄弟）楚王，24位王妃都埋在了龙泉山。需要指出的是，龙泉山也好，灵泉山也罢，它不能叫王陵。根据当时的制度，皇帝的葬身之处叫作王陵，比如北京十三陵，而藩王死后的长眠之地只能叫王寝，所以叫八代楚王寝。

三、楚王寝的由来

前文所述，朱桢找人勘察，发现天马峰下的峡谷地带，有五龙捧圣的吉地仙壤，这个地方是风水最好的地方。朱桢一心想将龙泉山作为楚王家族的陵寝之地，但那里已有樊哙墓，怎么办？只有把他赶走。楚王府的人制造了一块石碑，上书"此处本是楚王地，借与樊侯五百年"，埋在樊哙墓附近，后当众挖出了石碑，大肆宣扬天意，然后把樊哙墓迁葬于山南一侧，就这样达到了霸占墓地的目的。自昭王以下共8代楚王及24位王妃均葬于此地，形成了规模巨大的楚王陵园（图4-9）。此乃是"昭王赶樊侯，灵泉变楚寝"的一段故事。

图 4-9　楚王寝

第四节
周苍柏与东湖

东湖是武汉著名的风景点，因处于明代武昌城东而得名。本节主要介绍东湖的故事，具体分为四个部分：首先，介绍周公苍柏其人。接着讲海光农圃其事，讲东湖风景区的前身，海光农圃的故事。再往后说说东湖水域其景，33平方公里的东湖有哪些景色？最后讲顶级绿道其情，说说顶级绿道是什么样的状况。

一、"东湖之父"——周苍柏

周苍柏，1888年生，湖北武汉人，被称为"东湖之父"（图4-10）。早年就读于武昌文华学堂，后转入上海南洋公学（今上海交通大学前身），1909年大学毕业赴美留学，1917年毕业于美国纽约大学经济系。曾任汉口上海银行经理，湖北省银行总经理，重庆华中化工厂、汉中制革厂董事长。

1930年，担任上海商业储蓄银行汉口分行行长的民族资本家周苍柏，见当时武汉市民们多沉溺于鸦片和赌博之中，十分焦虑。为使市民们强身健体，他投入自己的绝大部分收入，专门用于兴

图4-10 周苍柏先生

建东湖西岸的"海光农圃"。"海光农圃"开发建设了一个苗圃、一片桃林、一个动物园、一个专门观鱼的天鹅池、一间米坊和一间香坊，其主要功能是为武汉市民提供一个休闲娱乐场所，市民们可以在"海光农圃"锻炼身体、嬉戏游乐，同时还可以进行农业生产以及花木果树的栽培，海光农圃在当时成为极受群众喜爱的"城市公园"。生长于斯，致力于斯，萦怀于斯！周苍柏先生被人称为"东湖之父"，亦被尊称为东湖的缔造者。

二、海光农圃其事

1938年10月，武汉被日军侵占，周苍柏被迫迁往重庆，海光农圃委托他人管理。1942年，日本侵略者强行霸占海光农圃，毁坏了一些娱乐设施、果园和房屋

建筑。抗战胜利后，周苍柏回到武汉，尽力恢复海光农圃。由于国家处于动乱时期以及他本人经济局限，所以海光农圃的规模不及当年。1949年，周苍柏（当时任省政协副主席，后任工业部副部长）主动将海光农圃献给了国家，由中南军政委员会接收，海光农圃随即更名为东湖公园。

1949年交给国家时，海光农圃的范围为东临东湖、西至老东湖路、南近双湖桥、北至海洋公园游泳场的大片地域。在随后的几年，东湖先后修建了先月亭、可竹轩、听涛轩、行吟阁、濒湖画廊、长天楼等景观建筑，成为今天主要的游览景点。东湖风景区的建设，得到党和国家领导人的关注。

光阴荏苒，岁月如梭。现在海光农圃（图4-11）已一分为五，包含五个区域：一是现在的东湖宾馆和听涛宾馆，古木参天，风景优美，与珞珈山隔湖相对，依然是东湖最美的地方，只是增加了更多的神秘感；二是现在的东湖听涛景区，即市民常说的老东湖景区，也就是2007年市政府还景于民试行免费开放的区域；三是曾经改名为楚人狂

图4-11 海光农圃

欢岛，现在的海洋世界；四是现在的省博物馆和一所学校，当年周苍柏先生的规划中，四是教育区，办一所音乐学校，音乐学校没办成，却成为世界上最珍贵的乐器——国宝编钟的馆藏之地，这也是对周苍柏先生建设东湖历史功绩的无声评价；五是翠柳宾馆。这五个区域已经成为大美东湖之上最璀璨的明珠。

三、东湖水域其景

周苍柏先生是"东湖之父"，海光农圃是东湖明珠，也是享誉海内外的东湖的一部分。东湖水域（图4-12）面积33平方公里，景区面积或者说区域面积89平方

公里,由6个景区组成,分别是听涛、磨山、珞洪、落雁、吹笛和白马景区。

图4-12　东湖水域

　　听涛景区是海光农圃,包括长天楼、行吟阁、先月亭、碧潭观鱼等诸多景点(图4-13)。磨山景区主要包括鲁巷与磨山,梅园、樱园、杜娟园、荷花园是其代表,楚城、楚市、楚天台、祝融观星等楚文化景点是其特色(图4-14)。珞洪景区涵盖珞珈山与洪山,高校环绕,武汉大学等诸多知名高校坐落其间。落雁景区是一块自然湿地,吹笛景区在马鞍山森林公园的附近,白马景区在武汉火车站附近,得名于鲁肃陷于白马洲的故事。

图4-13　听涛景区

纵观整个东湖，其水域面积是西湖的6倍，曾经是全国最大的城中湖（因城区扩大，现为水域面积46平方公里的汤逊湖）。东湖边的古迹主要有：

图4-14 磨山景区

郊天台，位于磨山主峰山顶，相传汉昭烈帝曾祭天于此。台已倾圮，遗址尚存。今在故地建有新的郊天台，为磨山风景区又一新景观。

吴主庙，位于白马洲对岸的雁嘴，为纪念孙权。

卓刀泉，东湖南有伏虎山，山麓卓刀泉庙供汉寿亭侯关羽像。相传关公行军于此，以刀卓地得泉，泉深约三丈，水清而味甘，井口围以古石，上刻"卓刀泉"三字。庙左有桃园阁，曾供桃园结义之刘、关、张像。卓刀泉东北一里许的湖滨，有关公桥，是卓刀泉通磨山的要道。

珞珈山，按乾隆《江夏县志》，此山原名"逻迦山"，俗称"罗家山"。1929年武汉大学在此建设新校舍，经著名教授闻一多提议，校长王世杰同意，将山名改为"珞珈"，以坚硬玉饰之意来象征武汉大学是当时两湖地区的最高学府。武汉大学的校舍建筑别具风格，亦是游览的好去处（图4-15）。

图4-15 珞珈山胜景

放鹰台（图4-16），在东湖西岸。它的得名，一说是李白在此观看放鹰，一说是李白访李邕故居后，在湖边发现一只小鹰被套住，便解开套子，放飞小鹰。从此自己亦学习冲天飞去的雄鹰，云游四海，长吟狂歌，无意仕进了。后来人们把李白放鹰之处称为放鹰台。

图4-16 放鹰台

九女墩，在渔光村北约一里远处有小山冈，冈上葬有太平军英勇牺牲的9位女战士。

四、顶级绿道其情

武汉东湖绿道位于湖北省武汉市东湖风景区内，是国内首条城区内5A级旅游景区绿道。东湖绿道全长101.98公里，宽6米，串联起东湖磨山、听涛、落雁、渔光、喻家湖五大景区的东湖绿道，由湖中道、湖山道、磨山道、郊野道、听涛道、森林道、白马道等主题绿道组成。

东湖绿道"藏身"于武汉东湖风景区（图4-17），依托东湖秀丽的风景和人文历史。屈原、楚庄王、刘备、李白、毛泽东等历代名人都曾在东湖留下足迹，当代

图4-17 东湖绿道

作家陈运和也夸赞东湖"曾消化过多少历史故事，也健壮了一座城市肌体"。

2015年12月23日，东湖绿道一期工程正式开工，2016年12月28日，东湖绿道正式建成开放。一期工程全长28.7公里，串联起东湖的磨山、听涛、落雁三大景区，打造湖中道、湖山道、磨山道、郊野道四条主题绿道以及四处门户景观、八大景观节点。

2017年3月21日，东湖绿道二期工程正式开工，与一期工程无缝衔接。东湖绿道二期工程打造听涛道、白马道、森林道等五条主题绿道。二期选线尽量成环，北边环汤菱湖，中间环团湖，南边环后湖，包括环马鞍山，形成环路，多种游玩路线可供游客选择。

2024年2月20日至5月30日，东湖绿道三期工程在东湖南路施工。

未来，整个大东湖区域的绿道体系将达到124公里，由4条63.5公里主干线、9条22.5公里次干线，以及若干条支线组成，打造"世界级绿道"。

如果说武汉的东湖是城市璀璨的明珠，东湖的绿道则是这颗明珠上最夺目的光辉。

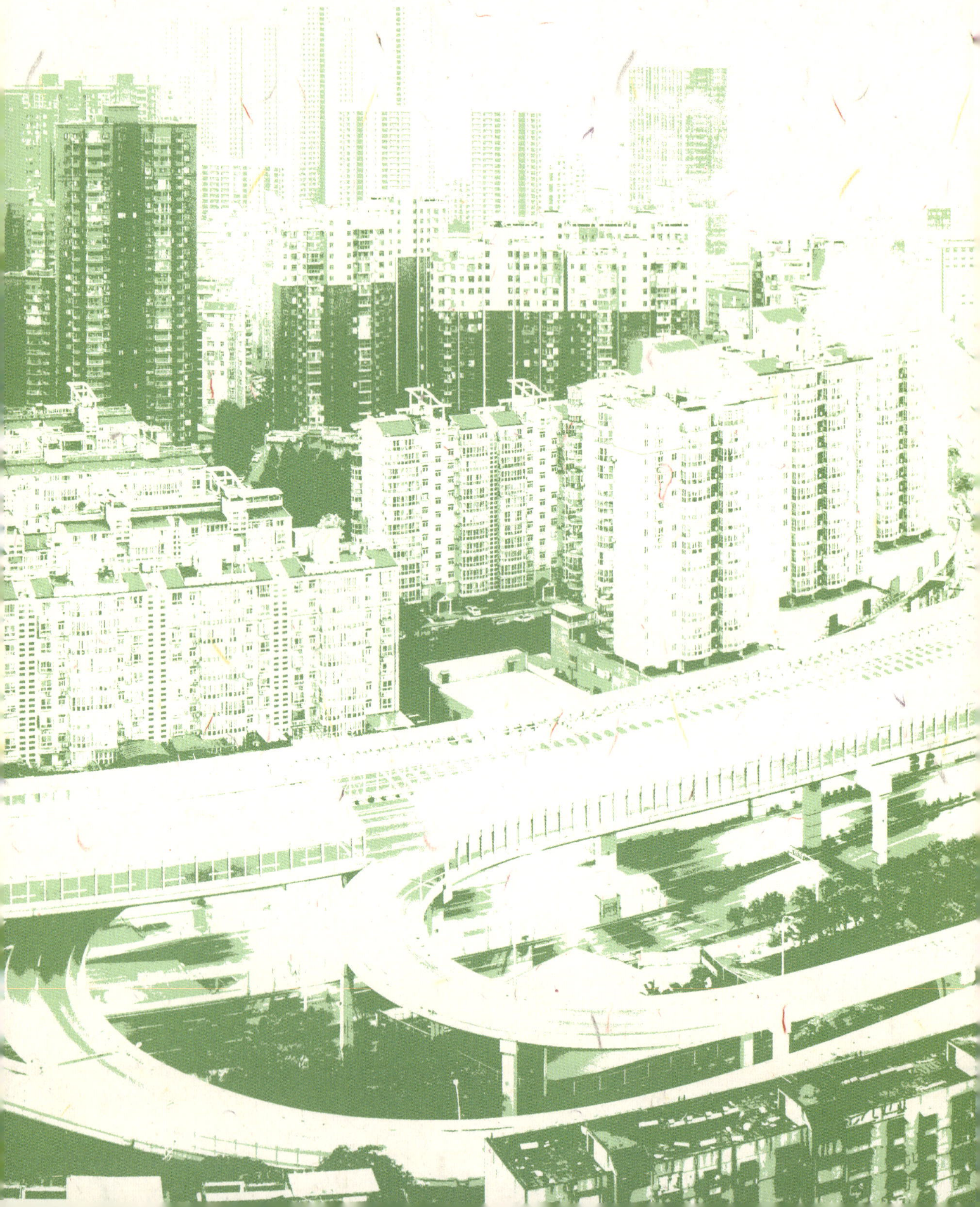

第五章

知音故里寻汉阳

第一节

✤ 汉阳城的兴废

一、汉阳的概念

和武昌一样，与汉阳相关的也有四个类似的概念，汉阳、汉阳区、汉阳县和汉阳城。

汉阳因位于古汉水之阳而得名，地处武汉市西南部，划分为四个大区，包含汉阳中心区、蔡甸区、汉南区（现已合并至经济开发区）和经济开发区。

汉阳区，隶属湖北省武汉市。武汉市中心城区之一，位于江汉平原东北边沿，武汉市西南部，长江和汉江交汇处。东南邻长江，与武昌区、洪山区隔江相望；西南与武汉经济技术开发区接壤；西接蔡甸区；北依汉江，与江汉区、硚口区、东西湖区相邻，总面积111.54平方公里。2021年，汉阳区常住人口90.00万人，户籍人口56.94万人。

汉阳县，一般指蔡甸区，隶属于湖北省武汉市，位于武汉市西郊，地处汉江与长江汇流的三角地带，江汉平原东部。北傍汉江，与东西湖区唇齿相依；南临通顺河，与汉南区山水相连；东濒长江，与江夏区隔水相望；西与汉川市交错接壤；东北邻汉阳区；西南邻仙桃市，总面积约1100平方公里。截至2022年末，蔡甸区常住人口62.29万人。

汉阳城，与武昌城一样，同样有广义与狭义之分。广义的汉阳城，指的是汉阳古城，也是一个动态的概念，有史料记载的古城名有却月城、江夏城、鲁山城、沌阳城、诸葛城、临嶂城、汉阴城、萧公城、梁废城、汉口城、牛湖城、渔湖城、沔州城、汉阳城等，多达十余个，在武汉中心城区建城最早、城堡最多。而狭义的汉阳城指的是明代开始建的新城，新城有四座城门，江的东边叫朝宗门，西边因为有凤栖山，所以称为凤山门，南边是南纪门，北边是朝元门，朝元门后来被堵塞掉了。

为了让同学们更好地理解课程内容，以下将用汉阳古城代指广义的汉阳城，汉阳城代指狭义的汉阳城。

二、汉阳古城的兴废

上文提到，汉阳古城是一个动态的概念，且多达十余个，甚至会在同一时间，出现多个古城并列的情况。究其原因，汉阳古城与武昌古城不同，主要存在两个不同的地点：一个是龟山以北，汉江入水口修建的古城，另一个则是，凤凰山南修建的古城。正因为如此，以往的文献很难将汉阳古城表述清楚。因此，本教材根据史料记载，关于汉阳古城的兴废以先空间、后时间顺序，选取几个代表性的汉阳古城进行介绍，同时，对其他地点的汉阳城单独介绍。

（一）龟山以北的汉阳古城

1. 却月城（东汉末年）

最早的城堡名曰却月城，此城在今汉阳区域内。唐代《元和郡县志》载："却月故城在汉阳县北三里。"北魏郦道元著《水经注》载："江水又东径鲁山南，古翼际山也……山左即沔水矣。沔左有却月城，亦曰偃月垒，戴监军筑。故曲陵县也，后乃沙羡县治。昔魏将黄祖所守。"据史实推断，却月城至迟在东汉建安初年前已经存在。

却月城规模不大，"周回一百八十步，高六尺"。但由于它倚大别山，扼汉江入江要道，其军事要地的作用十分显著。正因为如此，东汉建安年间，江夏郡太守黄祖守却月城，发生多起战争。建安四年（199年）孙策攻却月城，斩黄祖部下二万余人，逼到江水中淹死一万余人，缴获战船六千余艘，缴获财物堆积如山。建安八年（203年）及十二年（207年），孙权两次攻打却月城，黄祖水军迎战，保住了却月城。建安十三年（208年）春，孙权突破黄祖的水军防线，攻破却月城，追斩了黄祖，城内外数万男女成为俘虏，却月城废。

2.汉口城、萧公城、梁废城（南北朝时期）

南北朝齐中兴元年（501年），齐竟陵太守房僧寄据守鲁山城，萧衍由襄阳起兵反齐，经汉江入长江，攻打不下鲁山城，便在汉江入江口的龟山顶筑"汉口城"以守鲁山。数月后，萧衍改汉口城为萧公城。后来萧衍当上梁武帝，此城废弃，又称"梁废城"。

（二）凤凰山南的汉阳古城

1.江夏城、鲁山城

东汉建安十三年（208年），却月城被屠，江夏郡太守黄祖被斩，荆州牧刘表之子刘琦继任江夏郡太守，修筑新城，名江夏城。

刘琦在任不到两年，死后，东吴大将陆涣夺取江夏城，任吴江夏郡太守。当时，龟山和凤凰山都叫大别山，三国时吴国为了纪念已故的鲁肃，将大别山更名为鲁山，江夏城便改称鲁山城。鲁山城是汉阳继却月城之后又一座著名古城。

2.汉阳城

汉阳历史上存续时间最长、影响最大的古城当数汉阳城。唐初，鲁山城更名汉阳城，直至当今的武汉市汉阳区。从却月城算起，汉阳城延续了1800余年。

汉阳城"古城"规模蔚为大观，城墙周长3570余米，城门多达8座。这是从鲁山城时期至北宋宣和三年（1121年）汉阳城时期的规模，明代志书称其为"古城"。宣和三年，江水冲毁了汉阳城东南临江城墙，部分城区亦溃入江中，旧志称"水涨城圮"。直到南宋咸淳十年（1274年）朝廷才同意重修汉阳城，范围小了许多，后又屡遭江水和战争创伤，明初城墙周长减至2520米，只设四座城门，清末城墙仅有2398米。

无论城垣大小，汉阳城内长期设置郡、州、军、府以及县级治所，其政治、军事、文化地位以及经贸发展的辐射作用不断强化，与武昌城共同演绎武汉城市发展史。汉阳城商贸兴旺，市场繁荣，四方宾客纷至沓来，汉阳城声名鹊起。唐代有

"汉阳渡口兰为舟，汉阳城下多酒楼"的美誉，宋代则是"平时十万户，鸳瓦百贾区"。城垣之外的街市不断发展，至清代，汉阳城北形成汉口镇，与汉阳城和武昌城共同构建三镇鼎立的大武汉。

1927年后，汉阳城墙拆除。直至今日，虽然汉阳城墙不存，但古城街巷布局依旧清晰可见。古城范围东抵滨江大道，西至南城巷、北城路，南北分别抵达拦江路、汉阳大道。城内以显正街为东西轴线，东端即朝宗门，西端即凤山门，府署原在今阳新路与显正街交汇处北部，南对阳新路与拦江路交会处的南纪门。

（三）其他位置的汉阳古城

马骑城，位于却月城西一二里处，月湖旁梅子山一带，筑城时间不详。

沌阳城，在沌水北岸，晋陶侃任荆州刺史时（312年）曾镇守此城，曾为沌阳县治。西汉建武元年（25年）设有沌阳县，或在沌阳城。

诸葛城，在楮山南麓，下临沌水，相传为诸葛亮屯兵处。有旧志认为诸葛城即沌阳城。

临障城，在临障山，晋陶侃任荆州刺史时（314年）由沌阳城移至此城，至隋朝仍为沔州、复州州治。

汉阴城，在汉阴山下，为屯兵之城。

牛湖城、渔湖城为同一座城在不同时期的两个名称。此城位于"县北腾龙冈东、牛湖渡西"，因而称牛湖城。萧衍起兵，命梁天惠屯兵渔湖城，即此城。

三、三镇合并后的汉阳

伴随着汉阳城的兴废，有很多地名流传至今，比如在汉阳商场往南有一条街叫显正街，它的原名叫县正街，县衙的正街官道。又如，今棉花街附近有一条很短的街道，叫共勉街，原名贡院街。同样，县衙西边有一条叫西大街，汉阳城内西边的大街。此外，与城的距离也决定了很多地名：三里坡，距汉阳城三里的坡；五里墩，距汉阳城五里的水中的高地；七里庙，距汉阳城七里有一个关帝庙；十里铺，距汉阳城十里有一个铺。这里的"铺"是巡检司的意思。

1927年，汉阳与汉口、武昌合并，统称为武汉市。武汉国民政府成立之后，汉阳的城门完成了它的历史使命，1928年汉阳城开始拆除。

第二节
❋ 晴川阁与汉阳树

"晴川历历汉阳树"，岁月如梭汉阳城，崔颢的《黄鹤楼》历久弥深。崔颢诗中所描写的黄鹤楼是虚的，黄鹤一去，白云千载，给人虚无缥缈的感觉；咏汉阳则是实的，晴川历历，芳草萋萋，让人清晰如在眼前。

一、晴川阁的修建

晴川阁又名晴川楼，始建于明嘉靖二十六年（1547年），位于湖北省武汉市汉阳区龟山东麓禹功矶上，北临汉江，东濒长江，为汉阳太守范之箴在修葺禹稷行宫（原为禹王庙）时所增建，得名于唐朝诗人崔颢"晴川历历汉阳树，芳草萋萋鹦鹉洲"诗句，有"楚天四大名楼"（汉阳的晴川阁、武昌的黄鹤楼、湖南的岳阳楼和襄阳的仲宣楼）之誉。

晴川阁曾多次被毁，现阁系按清光绪年间式样于1985年重建，阁名是由著名书法家赵朴初所书，占地386平方米，高17.5米。其底层面阔5间，进深4间；顶层面阔3间，进深2间。麻石台基，红墙朱柱，重檐歇山顶黑筒瓦屋面，钢筋混凝土仿木结构，门窗栏杆为木质，朱漆彩绘。

屋面四角向外伸出，深出檐，高起翘。正面牌楼悬挂"晴川阁"金字巨匾。其北侧为"园中园"，园中青草如茵，竹木葱茏，瘦石嶙峋，幽静雅致。

二、晴川阁景区

现在的晴川阁景区整个占地约一万平方米,平面呈三角形,由晴川阁(图5-1)、禹稷行宫、铁门关三大主体建筑和禹碑亭、朝宗亭、楚波亭、荆楚雄风碑、敦本堂碑以及牌楼、临江驳岸、曲径回廊等十几处附属建筑组成。

图5-1　晴川阁

晴川阁景区与武昌黄鹤楼夹江相望,江南江北,楼阁对峙,互为衬托,蔚为壮观,有"三楚胜境""千古钜观""汉南最著之胜迹""楚国晴川第一楼"之称。名冠四方的楼阁隔岸相对,在万里长江上唯此一处。2002年,晴川阁获批国家AAA级旅游景区,是全国重点文物保护单位,与黄鹤楼、古琴台并称武汉三大名胜。晴川阁景区有诸多景点,最有代表性的景点如下。

(一)禹稷行宫

禹稷行宫始建于南宋绍兴年间(1131—1162年),距今800多年的历史,原名禹王庙,是武汉市历代祭祀大禹的地方。大禹是我国历代一致推崇和颂扬的,一位"平水土、定九州"的治水英雄。

明朝天启年间改大禹庙为"禹稷行宫",在原祭祀大禹的基础上,又加祀后稷、八元及八恺等18位先贤遗像。清同治二年,再次重建禹稷行宫。修葺一新的禹稷行宫是一座具有浓厚地方风格和体现精湛的民间工艺的砖木结构建筑。行宫屋面盖小青瓦，檐头屋脊饰装沟头、滴水、脊吻❶、座兽等，是武汉地区现存不多的具有代表性的清末木构建筑。

（二）铁门关

铁门关（图5-2），始建于三国时代。左倚大别山（龟山），右控禹功矶，吴魏相争，设关于此。龟山自古以来就是兵家必争之地，上可追溯至春秋战国，下至近代的辛亥革命，历史上铁门关遭到毁灭性的破坏是明代末期，清雍正年间有人在铁门关的土基上修起了一座祭祀三国英雄人物关云长的关帝庙。到民国初年，由于战乱，铁门关的遗迹——土基墙座，连同庙宇等都一齐成为废墟。斗转星移，在铁门关被毁一个多世纪之后，终于在20世纪90年代初修复了铁门关，一座巍峨雄壮、英姿焕发的铁门关展现在江城人民面前。

图5-2 铁门关

（三）禹碑亭

禹碑亭（图5-3）因禹碑而建。相传大禹治水成功后刻石纪念，因此称"禹

---

❶ 指中国宫殿建筑屋顶所用装饰物，特别是殿宇顶上正脊两端的吻兽，通常呈龙头形，张大口衔住脊端，因此也被称为吞脊兽。

碑"，碑文共77字，奇特难识。意为大禹治水，使百姓丰衣足食，安居乐业。碑亭东面的禹碑为清乾隆三十五年（1770年）荆南观察使李振义摹刻。

图5-3 禹碑亭

（四）朝宗亭

大禹治水成功于此。《尚书·禹贡》中有大禹治水"使江汉朝宗于海"的记载。清末在武汉境内分别设立"江""汉""朝""宗"四关，管理长江、汉江水上交通运输，朝宗亭（图5-4）因此得名。

图5-4 朝宗亭

（五）楚波亭

楚波亭（图5-5）原名烟波亭，因崔颢诗句"烟波江上使人愁"而得名。1986年重建，为平面呈扇形的暖亭。

图5-5　楚波亭

（六）禹功矶

禹功矶（图5-6）位于长江之畔，它突兀于大江之中，危石壁立。相传，大禹治水时，疏江导汉，驯服了洪水，使长江、汉江在此交汇，朝宗于海，大功告成。后人为了纪念大禹的丰功，此矶即被命名为禹功矶。它与古黄鹤楼所立之地黄鹄矶夹江相峙，呈"龟蛇锁大江"之天然屏障。

图5-6　禹功矶

（七）赑屃（bì xì）碑

赑屃碑（图5-7）为明代汉白玉无字碑，碑座为赑屃，是神话传说中的龙子之一。传说，赑屃好负重，常背负三山五岳兴风作浪。后大禹将它降服，赑屃为大禹治水的精神感动，辅佐大禹治理洪水，协助大禹教化于民。治水成功后，为表彰赑屃，因其功劳书之不尽，大禹赐它无字碑。

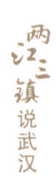

作为武汉人，中秋时节，总喜欢去晴川阁赏月。与平湖秋月一样，晴川阁也是一处绝佳的观月点。晴川阁外，凭栏遥望，江月高悬，江水东逝，顿觉渺小，时光短暂，天下宽广，岁月悠长。

图5-7　赑屃碑

三、汉阳树的故事

"晴川历历汉阳树"，关于汉阳树有多种说法：一是汉阳的树，泛指整个汉阳的树，特指站在黄鹤楼看整个汉阳的树。二是禹稷行宫里的一棵古柏树。在晴川阁的旁边有一个禹稷行宫，里面有一个禹柏轩（图5-8），相传为三千多年前大禹治水时

图5-8　禹柏轩

所种。据说当年苏东坡还为这棵柏树写过一首诗："谁种殿前柏，僧言大禹栽，不

知几千载，柯干长苍苔。"三是汉阳钟家村的凤凰巷11号的一棵500多年的银杏树。据说苏东坡诗中所说的柏树在明代被雷劈死，人们就找了这棵树代指"汉阳树"（图5-9）。目前，这棵树在武汉市第五医院旁，高25米，主干胸径1.36米，投影面积达334平方米，依然巍然挺立，葱茏舒展。

图5-9　汉阳树

第三节

❋ 祢衡与鹦鹉洲

"惟西域之灵鸟兮，挺自然之奇姿。体金精之妙质兮，合火德之明辉。性辩慧而能言兮，才聪明以识机。故其嬉游高峻，栖跱幽深。飞不妄集，翔必择林。绀趾丹觜，绿衣翠衿。采采丽容，咬咬好音。虽同族于羽毛，固殊智而异心。配鸾皇而等美，焉比德于众禽？……"

——祢衡《鹦鹉赋》

这是东汉名士祢衡所写的《鹦鹉赋》中的一段，长江中的鹦鹉洲因此赋而得名。

前文中曾讲过，"晴川历历汉阳树，芳草萋萋鹦鹉洲"，这是来自唐代崔颢的诗句。崔颢站在黄鹤楼上看对面，一面是晴空万里，汉阳的树；另一面则是芳草萋萋，鹦鹉神洲。鹦鹉洲彼时已经得名，而此鹦鹉洲与刚才说到的祢衡，究竟有着怎样的关系呢？本节将讲述祢衡其人，鹦鹉洲其地以及古今鹦鹉洲存在的争议。

一、祢衡其人

祢衡（173—198），字正平（图5-10）。平原郡般县（今山东临邑）人。中国东汉辞赋家、名士。祢衡少有才辩，性情刚傲，好侮慢权贵。孔融激赏其才性，称赞他"淑质贞亮，英才卓砾"，多次向汉献帝和曹操举荐。曹操召见祢衡，但祢衡素来蔑视曹操，自称狂病，不肯往见，且有妄言。曹操怀忿，但爱惜其才，不忍杀之，而强召其作鼓史。祢衡则当众裸身击鼓，反辱曹操（京剧《击鼓骂曹》以此为原型）。曹操遣送荆州

图5-10 祢衡

牧刘表，祢衡又因侮慢刘表，再被转送江夏太守黄祖，终因当众辱犯黄祖而被杀，年仅26岁。

黄祖的长子黄射和祢衡关系好，在一次宴请宾客时，有人送给他一只鹦鹉，黄射举着酒杯对祢衡说："祢处士，今日没什么能让宾客欢乐，我认为此鸟从远方而至，聪慧明智，羽族之可贵，希望先生就为它作一篇赋，以此来使嘉宾高兴高兴，不是很好吗？"祢衡提笔就写，中间没有任何改动，一气呵成，文辞色彩也很华美。这篇文章就是后来赫赫有名的《鹦鹉赋》。

黄射得知祢衡被杀的消息后，光着脚来救祢衡，结果没能赶上，悲痛万分，便将祢衡厚葬于长江中的一个岛上，后来人们为了纪念这位刚正不阿的名士，便以其文为名，将这个岛取名"鹦鹉洲"。

二、鹦鹉洲其地

被崔颢描写为"芳草萋萋"的鹦鹉洲究竟在何处，即是在长江武昌还是汉阳一侧，可以说是历史上的一段公案。由于"洲聚于沙，而沙转于水"，鹦鹉洲几经变迁，有了古、今之分。有人认为，古鹦鹉洲在武昌一侧，今鹦鹉洲在汉阳一侧，

因此有武昌鹦鹉洲与汉阳鹦鹉洲之说（图5-11）。另有人认为，今鹦鹉洲固然在汉阳，而古鹦鹉洲也靠近汉阳岸边。将两种说法加以比较后，前一种说法相对更有说服力。明代诗人杨基所作《望武昌》中：

> 吹面风来杜若香，离离烟柳拂鸥长。
> 人家鹦鹉洲边住，一向开门对汉阳。
> 春风吹雨湿衣裾，绿水红妆画不如。
> 却是汉阳川上女，过江来买武昌鱼。

图5-11 暮色鹦鹉洲

题为《望武昌》，"开门对汉阳"，可知诗人观察事物的立足点是在鹦鹉洲上。"过江来买武昌鱼"的汉阳女，显然来到了鹦鹉洲上或洲边，鹦鹉洲的位置不是一目了然了吗？明代黄福所作《过武昌》亦有句云："城头黄鹤楼，城外鹦鹉洲。"这信手拈来的例证足以作为对前一种说法的补充。

三、新洲争诉

靠近武昌的古鹦鹉洲约在明末清初被冲毁消失。到了清雍正乾隆年间，武昌的白沙洲为水所没，而汉阳又有新洲淤出，白沙洲民吴某等向官府请求将新淤洲判给他们，以补白沙洲课税，并命名补课洲。汉阳县民以鹦鹉洲久为汉阳古迹，今既淤出，近在南纪门外，不应远隶武昌，遂争讼于官府。经汉阳县令裘行恕三次具禀力争，新洲仍归隶汉阳并恢复鹦鹉洲名，以存古迹。汉阳鹦鹉洲就是这样来的。

然而，汉阳县民所谓"鹦鹉洲久为汉阳古迹"，乃争讼时一种强词，其理由盖由崔颢"晴川历历汉阳树，芳草萋萋鹦鹉洲"诗句而来，其实有牵强之处，我们并不能因争讼之词作为古鹦鹉洲亦在汉阳岸边的根据。

第四节　归元寺与五百罗汉

说到汉阳，归元寺绝对是首屈一指的景点。每逢大年初一或初五，归元寺都是熙熙攘攘，门庭若市，而归元寺内的罗汉堂更是人山人海，热闹非凡，本节首先介绍归元寺的基本状况，再介绍罗汉堂的地位布局与数罗汉的方法。

一、归元寺概况

归元禅寺（图5-12），位于湖北省武汉市汉阳区归元寺路，清顺治十五年（1658年），由白光、主峰法师兴建。占地153亩，有殿舍200余间，各类佛教经典7000余卷，是武汉市佛教协会所在地。归元禅寺属于佛教禅宗五家七宗之一的曹洞宗，故称归元禅寺。归元禅寺又被称为"汉西一境"，古树参天，花木繁茂。

归元寺建筑紧凑合理，坐西朝

图5-12　归元禅寺

东，分为前后两区，后区主要以双面观音和财宝天王殿为主，而前区分为北院、中院和南院三个各具特色的庭院，分别拥有藏经阁、大雄宝殿和罗汉堂等三组主体建筑。

二、罗汉堂及其布局

罗汉堂（图5-13）是归元寺的重要组成部分，始建于清朝道光年间，清咸丰二年（1852年），毁于战火。1902年，罗汉堂完成重建，至今有近二百年历史。罗汉堂布局呈"田"字形格局，田字的正中是阿弥陀佛，倒坐是千手观音，前殿是弥勒佛，背座是护法神韦驮，后殿是阿难、迦叶、文殊、普贤簇拥着释迦牟尼佛，四周则是五百金身罗汉。归元寺的五百罗汉，是以南岳衡山祝圣寺的五百罗汉石刻拓本为依据，采用"脱胎泥塑"工艺，由黄陂王姓父子用了9年时间塑造而成。

图5-13 罗汉堂

12年间，王姓父子遍访关于罗汉堂的史料，同时观察人们的生活起居，塑造的五百罗汉反映了千变万化的生活形态，或有睡姿，或有站姿，或有坐姿；或笑逐颜开，洋洋自得；或愁眉不展，心事重重；或腾云驾雾，飘飘欲去；或棋逢对手，胜负难分；或掌上托婴，怀中抱幼，千姿百态，栩栩如生。王姓父子通过对人物和所谓的归元寺资料的总结，慢慢地塑造出这五百罗汉。

三、数罗汉的方法

关于罗汉堂，还有一个比较重要的习俗，即数罗汉。数罗汉要注意三个要点，首先是进门，罗汉堂通常是男左女右进入，也就是进门后的方向，男的向左走、女的向右走。其次是数罗汉的方向，进门虽然是男左女右，但数罗汉时另有讲究，哪只脚先迈进去，就从哪个方向数，如果左脚先迈，数左边；如果右脚先迈，数右边。最后是数罗汉的起点，喜欢哪尊罗汉，看着顺眼就可以从哪个罗汉数，按你的脚迈进的方向，多少岁就数多少尊，如果是26岁，就数26尊，因此同一个年龄的人，每人数到的罗汉可能是截然不同的，会有不同的结果，这是通常说的数罗汉的方法。

其实，数罗汉纯属各种巧合，无论数到哪个罗汉，都不必当真。如果以此来卜知自己或亲友的命运，其实并不可取。当前，这种活动虽盛行，但信者不多，在大多数人眼中，只不过是一种游戏。

第五节
知音故里古琴台

本节主要介绍汉阳的著名景点古琴台（图5-14），具体介绍知音故里的传说，高山流水的故事。同时也会将这门课做一个总结，说一说对城市的概括和对同学们的期望。

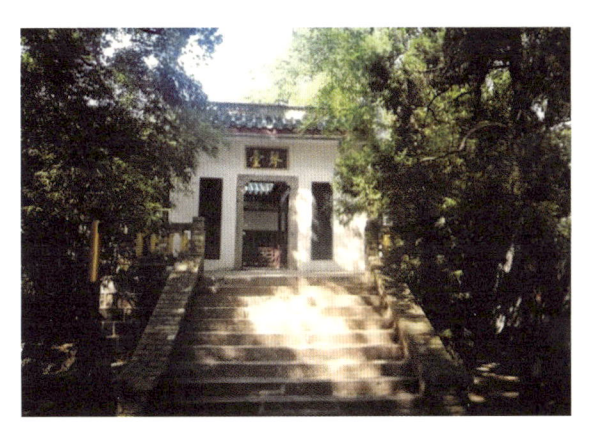

图5-14 古琴台

一、知音故里的传说

古琴台又名伯牙台,位于湖北省武汉市汉阳区龟山西脚下的月湖之滨,东对龟山、北临月湖,是中国音乐文化古迹、国家AAA级旅游景区、湖北省重点文物保护单位、武汉市文物旅游景观之一。

古琴台始建于北宋,为纪念楚国钟子期、俞伯牙而建,后屡毁屡建,清嘉庆初年湖广总督毕沅主持重建后,"高山流水遇知音"的故事流传至今。它与黄鹤楼、晴川阁并称武汉三大名胜,有"天下知音第一台"之称。

古琴台建筑群占地约10000平方米(15亩),除殿堂主建筑外,还有庭院、林园、花坛、茶室等,布局精巧、层次分明。殿堂前有琴台,为汉白玉筑成的方形石台,约20平方米,相传为伯牙抚琴之处(图5-15)。

2024年4月29日,古琴台重新面向大众开放。

图5-15　伯牙与子期

二、高山流水的故事

高山流水是俞伯牙和钟子期的知音故事(图5-16),千百年来,这则故事一直感动着人们,人们不是羡慕俞伯牙高超的琴艺,而是羡慕他遇到了一个能听懂他琴声的人——钟子期。

有一年，晋国大夫俞伯牙奉晋王之命出使楚国。八月十五那天，他乘船来到了汉阳江口。遇风浪，停泊在一座小山下。晚上，风浪渐渐平息了下来，云开月出，景色十分迷人。

望着空中的一轮明月，俞伯牙琴兴大发，拿出随身带来的琴，专心致志地弹了起来。他弹了一曲又一曲，正当他完全沉醉在优美的琴声之中的时候，猛然看到一个人在岸边一动不动地站着。俞伯牙吃了一惊，手下用力，"啪"的一声，琴弦被拨断了一根。

俞伯牙正在猜测岸边的人为何而来，就听到那个人大声地对他说："先生，您不要疑心，我是个打柴的，回家晚了，走到这里听到您在弹琴，觉得琴声绝妙，不由得站在这里听了起来。"俞伯牙借着月光仔细一看，那个人身旁放着一担干柴，果然是个打柴的人。俞伯牙心想：一个打柴的樵夫，怎么会听懂我的琴声呢？于是他就问："你既然懂得琴声，那就请你说说看，我弹的是一首什么曲子？"听了俞伯牙的问话，那个打柴人笑着回答："先生，您刚才弹的是孔子赞叹弟子颜回的曲谱，只可惜，您弹到第四句的时候，琴弦断了。"

打柴人的回答一点不错，俞伯牙不禁大喜，忙邀请他上船来细谈。打柴人看到俞伯牙弹的琴，便说："这是瑶琴！相传是伏羲氏造的。"接着他又把这瑶琴的来历说了出来。听了打柴人的这番讲述，俞伯牙心中不由得暗暗佩服。接着俞伯牙又为打柴人弹了几曲，请他辨识其中之意。当他弹奏的琴声雄壮高亢的时候，打柴人说："这琴声，表达了高山的雄伟气势。"当琴声变得清新流畅时，打柴人说："这后弹的琴声，表达的是无尽的流水。"俞伯牙听了不禁惊喜万分，自己用琴声表达的心意，过去没人能听得懂，而眼前的这个樵夫，竟然听得明明白白。没想到，在这野岭之下，竟遇到自己久久寻觅不到的知音，于是他问明打柴人名叫钟子期，便与他喝起酒来。

两人越谈越投机，相见恨晚，结拜为兄弟。约定来年的中秋再到这里相会。俞伯牙与钟子期洒泪而别。第二年中秋，俞伯牙如约来到了汉阳江口，可是他等啊等啊，怎么也不见钟子期来赴约，于是他便弹起琴来召唤这位知音，可是又过了许久，还是不见人来。第二天，俞伯牙向一位老人打听钟子期的下落，老人告诉他，钟子期已不幸染病去世了。临终前，他留下遗言，要把坟墓修在江边，到八月十五相会时，好听俞伯牙的琴声。听了老人的话，俞伯牙万分悲痛，他来到钟子期的坟前，凄楚地弹起了古曲《高山流水》。弹罢，他挑断了琴弦，长叹了一声，把心爱的瑶琴在青石上摔了个粉碎。他悲伤地说："我唯一的知音已不在人世了，这琴还弹给谁听呢？"

两位"知音"的友谊感动了后人，人们在他们相遇的地方，筑起了一座古琴台。人们还常用"知音"来形容朋友之间的情谊。

现在汉阳很多地名都与知音的故事相关：伯牙子期弹琴的地方，古琴台；摔琴的地方，碎琴山；琴弦断的地方，琴断口；埋葬钟子期的地方，子期墓；还有钟子期后人居住的地方，钟家村。

图5-16　高山流水

三、概括和期望

武汉是一个历史悠久的城市，从汉阳鱼到汉阳人，从放鹰台到盘龙城，从春秋战国到三国年间，唐宋元明清，历史悠久，源远流长，历久弥深。

武汉是一个开放包容的城市，从五方杂处到五舍杂居，从汉正街的兴起到老租界的形成，还有山上的黄鹤楼、龙华古寺以及长春观等建筑，这个城市崇尚文明，兼收并蓄。

武汉是一个风景美丽的城市，这个城市有21条河流，有109座山，有166个湖，长江东去，汉江西来，百湖连珠，这个城市承东启西，接南迎北，九省通衢，风景美丽。

武汉是一个生活幸福的城市，老通城的豆皮、四季美的汤包、谈炎记的水饺、蔡林记的热干面、五芳斋的汤圆，市井百态，犄角旮旯里的点点滴滴，表明在这个城市生活很幸福。

所以，武汉是一个历史悠久、开放包容、风景美丽、生活幸福的城市。

参考文献
REFERENCES

［1］蔡凯如. 武汉城市文化与形象［M］. 武汉：武汉大学出版社，2012.

［2］曾庆伟. 武汉美食文化［M］. 武汉：湖北科学技术出版社，2017.

［3］陈红梅，余启新. 品读武汉的桥［M］. 武汉：武汉出版社，2021.

［4］陈秀华. 武汉的传说［M］. 武汉：武汉长江文艺出版社，1985.

［5］池莉. 老武汉［M］. 南京：江苏美术出版社，2001.

［6］董宏猷. 武汉的码头文化［M］. 武汉：长江文艺出版社，2011.

［7］董玉梅. 武汉历史上的今天［M］. 武汉：武汉出版社，2010.

［8］冯天瑜. 武汉历史文化风貌概览［M］. 武汉：武汉出版社，2015.

［9］龚樟有，李文林. 武汉革命遗迹［M］. 武汉：武汉大学出版社，1987.

［10］胡静. 武汉旅游文化［M］. 北京：中国旅游出版社，2013.

［11］黄亚平. 武汉城市规划史［M］. 武汉：华中科技大学出版社，2014.

［12］李百浩. 武汉城市空间发展历程［M］. 北京：中国建筑工业出版社，2008.

［13］李宏志. 武汉工业发展研究［M］. 武汉：武汉大学出版社，2019.

［14］李克群. 武汉的历史变迁［M］. 武汉：华中师范大学出版社，2013.

［15］刘庆平. 武汉的码头文化［M］. 武汉：武汉出版社，2009.

［16］彭国辉. 武汉的民俗［M］. 武汉：湖北人民出版社，2010.

［17］彭国辉. 武汉民间传说［M］. 武汉：武汉出版社，2008.

［18］彭建新. 武汉老街巷［M］. 武汉：武汉出版社，2008.

［19］皮明庥. 武汉史话［M］. 北京：社会科学文献出版社，2011.

［20］皮明庥，吴勇. 武汉通史［M］. 武汉：武汉出版社，2006.

［21］唐惠虎. 武汉近代工业史［M］. 武汉：湖北人民出版社，2016.

［22］涂文学. 武汉城市史［M］. 北京：中国社会科学出版社，2010.

［23］王汗吾，吴正光. 武汉老建筑［M］. 武汉：武汉出版社，2002.

［24］王汗吾，张笃勤. 武汉城市记忆［M］. 武汉：武汉出版社，2016.

［25］王琼辉，涂文学，别道玉. 武汉老字号故事［M］. 武汉：长江出版社，2015.

［26］武汉市地方志编纂委员会办公室. 武汉方志文化概览［M］. 武汉：武汉出版社，2019.

［27］武汉市国土资源和规划局. 武汉历史地图集［M］. 北京：中国地图出版社，2017.

［28］武汉市国土资源和规划局. 武汉历史建筑图志［M］. 武汉：武汉出版社，2016.

［29］武汉市交通运输委员会. 武汉交通运输年鉴［M］. 武汉：武汉出版社，2012.

［30］武汉市民政局. 武汉地名志［M］. 武汉：武汉出版社，1990.

［31］武汉市水务局. 武汉湖泊志［M］. 武汉：湖北美术出版社，2014.

［32］武汉市政协文史学习委员会. 品读武汉风景园林［M］. 武汉：武汉出版社，2015.

［33］武汉政协文史委员会. 品读武汉名人［M］. 武汉：武汉出版社，2010.

［34］徐明庭. 武汉竹枝词史话［M］. 武汉：武汉出版社，2002.

［35］严昌洪，肖志华. 武汉掌故［M］. 武汉：武汉出版社，2010.

［36］姚伟钧. 武汉非物质文化遗产［M］. 武汉：武汉出版社，2017.

［37］叶调元. 汉口竹枝词校注［M］. 武汉：湖北人民出版社，1985.

［38］袁继成. 武汉近现代史纲［M］. 武汉：湖北人民出版社，1989.

［39］袁远. 江岸史话［M］. 武汉：武汉出版社，2004.

［40］张笃勤. 武汉商业简史［M］. 武汉：湖北人民出版社，2018.

［41］郑风田. 武汉城市生态变迁［M］. 北京：科学出版社，2016.

［42］朱新柱. 武汉的传统节日［M］. 武汉：湖北人民出版社，2012.